Korn
Kulturgeschichte des Getreides

Hansjörg Küster
Ulrich Nefzger
Herman Seidl
Nicolette Waechter

KORN

Kulturgeschichte des Getreides

Idee und Konzeption
Nicolette Waechter
Mona Müry-Leitner

VERLAG ANTON PUSTET
Salzburg – München

Die Herausgabe dieses Buches wurde unterstützt von *Kultur* | *Land* Salzburg

Für einen Großteil der Abbildungen stellte uns das Institut für Pflanzengenetik und Kulturpflanzenforschung in Gatersleben Ähren und Körner zur Verfügung.

© 1999 Verlag Anton Pustet
A-5020 Salzburg, Bergstraße 12
Alle Rechte vorbehalten.
Gedruckt in Österreich.
Fotos (Umschlag und Innenteil): Herman Seidl
Lektorat: Gertraud Steiner, Anna Waechter
Layout: Sieglinde Leibetseder
Druck: Salzburger Druckerei
ISBN 3-7025-0404-4

Die Deutsche Bibliothek – CIP-Einheitsaufnahme

Korn : Kulturgeschichte des Getreides / Hansjörg Küster ; Ulrich Nefzger ; Nicolette Waechter. - Salzburg ; München : Pustet, 1999
ISBN 3-7025-0404-4

Nahrung und Heilmittel: Sieben Getreideporträts   9
Nicolette Waechter

Getreideatlas   55
Hansjörg Küster

Korn in der Kunst: Ein hundertfältiges Gleichnis   133
Ulrich Nefzger

Zum Buch

Nicolette Waechter

Getreide ist nahezu weltweit die Hauptgrundlage der Ernährung von Mensch und Haustier. Von extremen Klimazonen abgesehen, prägen Getreidefelder seit Tausenden von Jahren die Kulturlandschaften der Erde. In agrarischen Gesellschaften bestimmen Aussaat, Ernte und Verarbeitung des Korns den Lebensrhythmus der Menschen. Siedlungsformen, religiöse Vorstellungen und Gebräuche entwickelten sich im Einklang mit den Besonderheiten einer Landschaft und ihren vorherrschenden Getreidearten. Bis weit in die Zeit der Industrialisierung hinein war das Leben großer Teile der Bevölkerung noch bestimmt von Landwirtschaft und Getreideanbau.

Innerhalb der verschiedenen Kulturlandschaften der Erde entstand eine fast unüberschaubare Vielfalt an Getreidesorten. Jede Landschaft bildete ihre eigenen Sorten heraus: im Zusammenwirken von Boden und Klima mit Intuition, Forschergeist und mühevoller Arbeit kultivierte man bis heute ungezählte Varianten, angepaßt an die speziellen Gegebenheiten des Ortes und die Bedürfnisse seiner Bewohner.

Wo dieser Prozeß seinen Anfang genommen hat, ist bis heute, trotz unterschiedlicher Forschungsansätze, nicht ganz geklärt. Der russische Forscher Vavilov nominierte dafür sogenannte Zentren der Vielfalt, wie sie in Mesopotamien, dem Zweistromland zwischen Euphrat und Tigris, bestanden, erwogen wurde auch die sagenhafte Insel Atlantis in der mythischen Vorzeit der heute bekannten Hochkulturen. Gesichert ist die Nahrungsquelle Getreide.

Die sieben Hauptgetreidearten – Roggen, Weizen, Reis, Hafer, Hirse, Mais und Gerste – gehörten ursprünglich in die Familie der Gräser, bevor sie von Menschenhand kultiviert wurden. Der Buchweizen dagegen ist kein Getreide im strengen Sinn, sondern den Knöterichgewächsen zugehörig. Wegen seiner stärkehaltigen Früchte wurde er schon bald als Korn vermahlen. Die Familie der Gräser umfaßt an die 60.000 Arten und ist in allen Klimazonen der Erde zu finden. Charakteristisch für ihre „vitale" Natur ist die intensive Verwurzelung im Boden und ihre rasante Ausbreitung. Die unscheinbaren Blüten vereinigen sich in Ähren und Rispen zu einem Blütenstand. Die männlichen Blütenpollen werden vom Wind zu den weiblichen Blütenständen, den Narben getragen. Gräser verzichten auf farbenfrohe Blütenpracht, um ihre Kraft zu erhalten. Pollen wie gereifte Samen werden vom Wind in alle Himmelsrichtungen zerstreut. Beim Getreide dagegen sind die Körner in einer Ähre zusammengehalten. Das deutsche Wort ist vom mittelhochdeutschen „getregeda", das Getragene, abgeleitet. Wie eine Krone wird die Ähre vom Getreidehalm getragen; diesem Schwergewicht in der Höhe der Getreidepflanzen steht die starke Wurzelbildung gegenüber. Der Wurzelstock hat die weit geschwungene Form einer Glocke. Die Wurzelzweige greifen mit winzigen Härchen tief in den Boden, wo die Erde auch im Winter warm und von Mikroben belebt ist.

Dem staunenden Betrachter zeigt sich die Getreideähre in ihrem wunderbaren Reichtum an Farben und Formen. Das berühmte Vavilov-Institut in St. Petersburg hat 60.000 Getreidesorten archiviert und spiegelt mit dieser Sammlung die ursprüngliche Vielfalt der Natur wie auch der vom Menschen hervorgebrachten Agrarkulturen wider. Heute ist diese Artenvielfalt durch die Globalisierung des Marktes und seine industrielle Nivellierung in seinem Fortbestand bedroht.

Längst ist klar, daß es nicht nur die Naturschützer angeht, wenn die Vielfalt des Lebens, die Biodiversität, verfällt. In den Industrieländern hat schon im 19. Jahrhundert eine Verdrängung der alten Sorten durch Hochzüchtungen eingesetzt. Mit der „grünen Revolution" sollten in den Jahrzehnten nach dem Zweiten Weltkrieg die Hungersnöte in der Dritten Welt bekämpft werden. Durch die Verbreitung ertragreicherer Züchtungen, den vermehrten Einsatz von Maschinen, von Kunstdünger und sogenannten Pflanzenschutzmitteln wollten die großen internationalen Organisationen den Hunger besiegen. Dieser Versuch, ein überwiegend soziales und politisches Problem mit technischen Mitteln zu lösen, mußte trotz unbestreitbarer Teilerfolge scheitern.

Die von Konzernen weltweit vertriebenen Hochleistungssorten sind in ihrer genetischen Gleichförmigkeit besonders anfällig für Krankheiten und Schädlinge. Von diesen Hybridsorten können die Bauern kein Saatgut zurückbehalten und sie geraten damit in die Abhängigkeit von Saatgutfirmen, die sich ihrerseits in der Hand sogenannter „Chemie-Multis" befinden. Saatgut wird auf die Abhängigkeit von Chemikalien geradezu hingezüchtet. Damit steigen die Profite – aber auch der Widerstand gegen diese Entwicklung wächst.

Immer mehr Bauern wirtschaften ökologisch, immer mehr Wissenschafter warnen vor dem Verlust der Biodiversität und beschreiben andere Wege zur Sicherung der Ernährung, immer mehr Vereine kümmern sich um die Erhaltung der Artenvielfalt, immer mehr Künstler machen mit ihrer Arbeit auf Schönheit und Vielfalt des Getreides aufmerksam.

Als Beitrag in diese Richtung versteht sich auch der vorliegende Band einer Kulturgeschichte des Getreides, der aus einem Ausstellungsprojekt hervorgegangen ist. Vom Demetermythos aus den Urzeiten der Mythologie bis zu Gedichten unseres Jahrhunderts zieht sich der Reigen der poetischen Berichte – über die mythische wie menschliche Dimension des Getreides, seine heilbringenden Wirkungen in Küche und Hausapotheke und schließlich über seine weitverzweigten Spuren in der Kultur- und Kunstgeschichte.

Das Kernstück dieses Streifzugs bilden der „Getreideatlas" und die Vorstellung der Hauptgetreidearten in sieben „Getreideporträts". Fotos von Getreideähren, die in ihrer Zartheit wie Aquarelle anmuten, sollen schließlich die Schönheit dieser Thematik vor Augen führen.

„Eure Heilmittel sollen Nahrungsmittel
und eure Nahrungsmittel sollen Heilmittel sein."
Hippokrates

Nahrung und Heilmittel
Sieben Getreideporträts
Nicolette Waechter

Das Wissen um die Heilkraft der Pflanzen läßt sich bis zu den Anfängen der menschlichen Geschichte zurückverfolgen.

Märchen und Sagen berichten uns von der heilsamen oder auch verderblichen Wirkung der Pflanzen; archäologische Funde schon aus frühester Zeit und aus allen Gegenden der Erde bestätigen diese mythischen Darstellungen.

Die Kunst des Heilens mit Pflanzenmedizin, meist in Verbindung mit magischen Ritualen und spirituellen Praktiken, spielte in den frühen Kulturen, die auch als „schamanisch" bezeichnet werden, eine bedeutende Rolle.

Im „magischen" Weltbild erleben sich die Menschen in enger Beziehung zu Pflanzen und Tieren; die Kraft der Steine ist ihnen vertraut. Geängstigt und getröstet vom Wirken der Elemente schauen sie ehrfürchtig zu den Sternen. Die ganzheitliche Sicht von der Welt und die Verbundenheit mit der Natur geben tiefe Einblicke in die Zusammenhänge von Körper, Seele und Geist.

Auch in den sogenannten „Hochkulturen" baute die Medizin auf diesem alten Wissen auf und so wurde dieses – kulturspezifisch überformt – durch Jahrtausende bewahrt und weiterentwickelt. Schon in den ältesten Schriftzeugnissen gibt es Aufzeichnungen über die Heilkraft von Pflanzen. Fast vier Jahrtausende vor Christus beschrieb der chinesische Kaiser Shin-Nong zweihundert Heilpflanzen aus seiner Heimat. Aus dem Altindischen ist eine Rezeptsammlung mit über eintausend pflanzlichen Heilmitteln überliefert, aus Ägypten ein Papyrus, in dem siebenhundert pflanzliche Arzneimittel aufgelistet sind. Abgesehen von den medizinischen Aspekten spielten Ernährungsvorschriften – oft im Gewand religiöser Gebote und Verbote – in vielen Kulturen eine wesentliche Rolle.

Die größte und bekannteste Gruppe der Arzneipflanzen ist die der „Heilkräuter", deren Wirkung längst auch von der „Schulmedizin" anerkannt sowie von der Kosmetik genutzt wird. Die verschiedenen Formen der Alternativmedizin, die sich in westlichen Ländern der Erde immer stärker durchsetzen, stützen sich vorrangig auf die Heilkraft von Kräutern: die traditionelle chinesische, die ayurvedische oder tibetische Medizin ebenso wie die Homöopathie und – eng damit verbunden – anthroposophische Medizin.

„Getreide" verbinden wir eher mit dem Begriff „gesunde Ernährung". In den folgenden Darstellungen soll gezeigt werden, daß aus Getreidepflanzen auch Heilmittel im eigentlichen Sinne hergestellt werden und diese in Naturheilkunde und Volksmedizin verbreitet sind.

Ausgehend vom Wesenhaften der jeweiligen Getreideart, von ihren Wachstumsbedingungen und charakteristischen Erscheinungsformen, werden Wirkungen und Anwendungsmöglichkeiten in Ernährung und Medizin beschrieben. Vor dem Hintergrund kulturgeschichtlicher und religiös-spiritueller Zusammenhänge entstehen Bilder von den sieben Hauptgetreidearten.

Nicht aus der moralisierenden Haltung des Gesundheitsapostels heraus wird das „Korn" hier betrachtet, sondern aus Freude an der wunderbaren, viele Kulturlandschaften prägenden Familie der Getreide und aus Interesse an neuen Erfahrungen mit diesem alten Kulturgut.

Roggen

Kind des Gebirges

In meiner Kindheit hieß der Roggen Korn. Hinter der großen Gesindeküche lag die Backstube, und über dieses ganze Reich herrschte die „Moarin", rund und gemütlich wie der Backofen. Einmal die Woche wurde eine stattliche Anzahl von runden Brotlaiben in den Ofen „eingeschossen"; mit einer langen flachen Holzschaufel schob sie in aller Ruhe ein Brot nach dem anderen in die Gluthitze des riesigen Backofens. Eine Woche lang mußten Dutzende von Menschen von diesem Brot zu essen haben. Anfangs duftete es verlockend, die Brotkrume war weich, man aß zuviel davon und bereute es kurz danach wegen des drückenden Magens. Im Laufe der Woche wurde der Laib dann härter, aber besser verträglich, zumal notgedrungen ordentlich gekaut werden mußte.

Die Moarin deutete mit dem Messer drei kleine Kreuzzeichen über dem Brot an, bevor sie es an sich drückte und gegen ihre Schürze hin das Brot anschnitt. Es war wunderbares Schwarzbrot, ein Sauerteigbrot aus feingemahlenem Roggen, das heutzutage noch da und dort, oft in Klosterbackstuben, gebacken und auf dem Markt teuer verkauft wird. Für uns aber war es Alltagsbrot, und wir freuten uns jede Woche auf das Weißbrot des Sonntags.

Am Rande des Salzkammerguts wurde auf den Feldern soviel Korn angebaut wie man eben fürs Brot brauchte, dazu Kartoffeln, die hier an sich Erdäpfel heißen, von den Bauern aber „Grumbira", Grundbirnen genannt wurden. Für die Pferde gab es etwas Hafer, der sich im feuchten Klima wohlgefühlt haben muß. Der Roggen stellt zwar keine besonderen Ansprüche an den Boden, ist aber eigentlich ein Kind des Gebirges – er liebt kühle Berghänge und viel Licht. Am Matterhorn wächst er bis auf 2100 Meter hinauf und auch in Vorderasien soll er

noch in Höhen über 2000 Meter anzutreffen sein. Nassen Boden mag er angeblich gar nicht, aber im regenreichen Salzkammergut hat er es offensichtlich gut ausgehalten.

Bei der Aussaat liebt der Roggen ein fein vorbereitetes Saatbett, fast wie ein Gartenbeet soll es sein. Die langen, schmalen, bläulich schimmernden Roggenkörner wollen flach ausgesät werden – als typisches Wintergetreide, meist im Herbst, schon ab September. Der Roggen ist von allen Getreiden am wenigsten frostempfindlich und sehr winterhart. Er keimt noch bei Bodentemperaturen knapp über dem Gefrierpunkt, während etwa der Weizensamen vier bis fünf Grad, der Mais neun bis zehn Grad Celsius zum Keimen braucht. Die Roggenkörner quellen dann in der feuchten Erde auf, die Schale wird gesprengt, und das Keimwürzelchen bohrt sich in den Boden.

Die Roggensaat zeigt beim Aufgehen eine Besonderheit: die Triebspitzen sind zu Anfang rot, fast purpurfarben, um erst nach einigen Tagen das leuchtende Saatgrün zu entwickeln. Jetzt soll sich der Sämling möglichst noch vor dem ersten Frost bestocken: am Stengelknoten entstehen mehrere Halme, von denen jeder später eine Ähre trägt. Ein einziges Roggenkorn kann zwanzig Ähren hervorbringen.

Der Acker sieht jetzt aus wie voller kleiner Grasbüschel, die am liebsten schneebedeckt durch den Winter gehen, um so vor Frost geschützt zu sein. Im Frühling wachsen die Pflanzen dann schnell zu großer Höhe heran.

Manche Roggensorten können über zwei Meter hoch werden und tragen auf ihrem geschmeidigen Halm eine mächtige, begrannte Ähre. Das Schwingen der Kornähren im Wind erzeugt einen raunenden Ton, eine aufregend-geheimnisvolle Stimmung liegt dann über dem wogenden Feld.
Der Roggen blüht im Frühsommer. Im Gegensatz zum Weizen, bei dem sich die Ährchen innerhalb der Ähre selbst bestäuben, ist der Roggen ein Fremdbestäuber. Bis eine Ähre abgeblüht ist, dauert es drei Tage. Schwellkörper öffnen die Spelzen am frühen Morgen. Die Staubbeutel werden herausgedrückt und der Wind trägt die Pollen in Wolken über das Feld.
Die Statik des Roggenhalmes ist unnachahmlich: er würde einem Turm von 500 Meter Höhe mit einem Durchmesser von einem Meter entsprechen. Er ist tief und fest in der Erde verwurzelt; der Wurzelstock kann bis zweieinhalb Meter tief in die Erde dringen. Weil der Roggen mit seinen Wurzeln das Erdreich so stark durchdringt, lockert er den Boden bis in große Tiefen auf und ist deswegen auf schweren Böden in der Fruchtfolge unersetzlich. In den ursprünglichen Roggengebieten ist daher die Qualität und Fruchbarkeit des landwirtschaftlichen Kulturbodens auch durch den Rückgang des Roggenanbaus bedroht.
Das Roggenstroh, das sich im Laufe des Sommers von einem metallisch glänzenden Grün zu einem bläulichen Gelb verändert, ist außerordentlich zäh und witterungsbeständig. Daher wurden die langen Halme früher auch zum Decken von Strohdächern verwendet. Auch Seile und Matten wurden daraus hergestellt.
Roggen ist d a s Brotgetreide des deutschen Sprachraums. Nur im alemannischen Bereich – Schwaben, Franken, deutsche Schweiz – herrschte der Dinkel vor. Wie schon die Römer, die als Weizenesser den Roggen als Barbarenspeise verachteten, ziehen auch heute noch die romanischen Völker das Weißbrot vor.

Goethe beschreibt diese Situation am Beispiel des deutsch-französischen Grenzgebiets in seinem Gedicht „Soldatentrost":

Nun, hier hat es keine Not,
schwarze Mädchen, weißes Brot.
Morgen in ein andres Städtchen,
schwarzes Brot und weiße Mädchen.

In Deutschland wird allerdings unter „Schwarzbrot" oft Pumpernickel verstanden. Das österreichische Schwarzbrot wird in deutschen Landen „Graubrot" genannt.

Roggenmehl eignet sich hervorragend zum Brotbacken, muß allerdings mit Sauerteig verarbeitet werden. Weizenbrot dagegen kann man auch mit Hefe alleine verbacken. Roggenbrot bleibt sehr lange eßbar, es wird in manchen Alpengebieten nur einmal im Jahr gebacken. Auf Berghöfen war es üblich, wochenaltes Brot, in Stücke geschnitten, in einer Küchenlade aufzubewahren, um es dann steinhart zur Herstellung von Brotsuppe zu verwenden. In Frankreich dagegen wird das Stangenweißbrot, die Baguette, oft dreimal täglich eingekauft, damit es zu jeder Mahlzeit frisch und knusprig ist.

Die Brotgetreide können auch gemischt werden, um die guten Eigenschaften der Arten zu vereinen; Mischungen aus Weizen und Roggen sind üblich. Es kann aber auch etwas Gerste oder Hafer beigemengt werden, dabei erhält man das sogenannte Vierkornbrot. Dinkel sollte allerdings immer alleine verbacken werden, da er nur so seine besondere Wirkung voll entfalten kann.

Semmelknödel bekommen ein nussiges Aroma, wenn man normale Semmelwürfel, aber zum Binden frischgemahlenes Roggenmehl verwendet. Wenn man den kräftigen, würzigen Geschmack mag, kann man den Roggen zu Aufläufen und anderen Gerichten verarbeiten oder einfach gekochte Körner essen. Roggen muß besonders gründlich gekaut werden, da er sonst schnell im Magen drückt.

Heilkräfte im Roggen

Aus ländlichen Gegenden gibt es auch einige Empfehlungen für Roggen als Heilmittel, die man als Notmaßnahme durchaus ausprobieren kann. Derartige Anwendungen aus der Volksmedizin bieten oft positive Überraschungen.

Roggenkleie wird für Umschläge bei Geschwüren empfohlen:
Roggenmehl auf mildem Feuer mit Honig steifgerührt, über Nacht auf das Geschwür gelegt, soll auch bei entzündeten Insektenstichen helfen.

Bei Verstauchungen soll Roggenbrotrinde, in Weinessig eingeweicht und auf das Gelenk aufgelegt, den Schmerz lindern und Komplikationen verhindern.

Roggen in der Küche

SCHNELLE BROTSUPPE

200 g altbackenes Schwarzbrot (Graubrot)
1 – 1 ½ l Suppe
1 Zwiebel
1 EL Schmalz oder Butter
Salz

Das Brot in feine Scheiben schneiden und in eine Suppenschüssel geben. Die Zwiebel fein hacken, im heißen Fett anrösten und in die Suppe geben. Die Suppe zum Kochen bringen, über das Brot gießen und mit Salz abschmecken.

SONNTAGSBROTSUPPE

300 g Schwarzbrot (Graubrot)
2 l Suppe
3 Eier
¼ l Sauerrahm
1 Bund Schnittlauch
Salz und Pfeffer

Das Brot in feine Scheiben schneiden und auf dem Blech im Backofen rösten, bis es goldbraun ist. Mit der Suppe in einen Topf geben und fünfzehn Minuten kochen lassen. Durch ein Sieb passieren, mit Salz und Pfeffer abschmecken. Eier und Sauerrahm verquirlen und die Suppe damit binden. Mit Schnittlauch bestreut servieren.

GEKOCHTE ROGGENKÖRNER

250 g Roggenkörner
30 g Butter
1 TL Salz
1 TL Thymian

Die Körner werden gut gewaschen und in einem halben Liter Wasser über Nacht eingeweicht (jedoch nicht länger als zehn Stunden). Im Einweichwasser eineinhalb Stunden leicht kochen lassen und bei Bedarf kaltes Wasser zugießen. Den Thymian und das Salz während des Kochens zugeben. Mindestens eine Stunde nachquellen lassen und mit der Butter verfeinern.

ROGGENAUFLAUF

500 g gekochte Roggenkörner
4 EL Topfen
4 EL Öl
4 EL geriebener Bergkäse
1 TL Salz
1 TL süßer Paprika
1 Prise Cayennepfeffer

Die Roggenkörner werden durch den Fleischwolf gedreht. Die übrigen Zutaten werden verrührt und mit der Körnermasse vermischt. In einer gefetteten Auflaufform bei mittlerer Hitze eine knappe Stunde backen.

ROGGENE BLADLN
(AUS DEM SALZBURGER LAND)

½ kg feines Roggenmehl
40 g Butter
gut ⅛ l Wasser
Salz
Schmalz zum Ausbacken

Das fein ausgesiebte Roggenmehl in eine Schüssel geben, salzen und die Butter dazugeben. Kochendes Wasser darübergießen, rasch einen geschmeidigen Teig bereiten und ein wenig durchkneten. Eine dreifingerbreite Rolle formen und in fingerdicke Stücke teilen. Handgroße Fladen messerrückendick ausrollen und bemehlt übereinanderschichten, damit sie warm bleiben. Die Bladln in der Mitte durchschneiden, sodaß zwei halbmondförmige Stücke entstehen. In heißem Schmalz schnell auf beiden Seiten ausbacken, wobei sich Blasen bilden. Die fertigen Bladln übereinanderschichten und zudecken, sie sollen weich bleiben. Dazu gehört eine Schüssel Sauerkraut auf den Tisch.

KÄSEGEBÄCK

250 g feingemahlener Roggenschrot
50 g geriebener Emmentaler
2 EL Öl
1 TL Salz, 1 TL gemahlener Kümmel
1 Prise Cayennepfeffer
¼ l Mineralwasser

Alle Zutaten zu einem Teig rühren, kleine Häufchen auf das gefettete Backblech setzen und bei 160 Grad eine halbe Stunde backen.

BERLINER SALZKUCHEN

600 g Roggenmehl (Type 1150)
1 P. Backpulver
2 TL Salz
1 TL gemahlener Kümmel
½ l Weißbier
1 TL Kümmel

Das Mehl mit dem Backpulver, Salz und Kümmel mischen und unter Rühren das Bier dazugeben. Zu einem glatten Teig abschlagen, handtellergroße Teigstücke zu Kugeln rollen, in Mehl drehen und auf ein gefettetes Backblech geben. Etwas flachdrücken, mit Salz und Kümmel bestreuen und im vorgeheizten Backofen bei 200 Grad (Gas Stufe 3) backen.

ROGGENBROT

2 kg. Roggenmehl
750 g Weizenmehl glatt (besser Weizenbrotmehl)
1 Würfel Germ
1 ½ l warmes Wasser
2 ½ EL Salz
4 TL Kümmel, 2 TL Anis, 2 TL Fenchel
2 TL zerdrückter Koriander

Mehle und Gewürze vermischen. Den Germ in lauwarmem Wasser anrühren, in die Mitte des Mehles hineingeben, mit etwas Mehl verrühren und zugedeckt gehen lassen. Dann den Germteig gut verkneten und zum doppelten Volumen aufgehen lassen. Drei Laibe formen, auf ein befettetes Blech setzen, mit Wasser bestreichen und mit einer Gabel mehrmals einstechen. 10 Minuten bei 250 Grad backen (mit einer Schale Wasser im Backrohr). Dann eine Stunde bei 190 Grad fertigbacken. Zwanzig Minuten vor Backende mit lauwarmem Wasser überpinseln.

ROGGEN-APFELKUCHEN

100 g feingemahlener Roggen
100 g gemahlene Haselnüsse
100 g flüssige Butter
4 EL Birnendicksaft
50 g Sultaninen
Saft und abgeriebene Schale von einer Zitrone
300 g grob geraffelte Äpfel
1 Messerspitze Kardamom
1 Messerspitze gemahlene Nelken
½ TL Zimt, 1 Prise Salz
Rahm zum Bestreichen

Alle Zutaten mischen und in eine gebutterte Springform (26 cm) geben. Die Oberfläche mit Rahm bestreichen und auf der untersten Stufe bei 180 Grad dreißig Minuten backen.

LEBKUCHEN

500 g Roggenmehl
250 g Zucker
⅛ l Wasser
¼ l Honig
2 TL Zimt, 1 TL gestoßene Nelken
2 TL Hirschhornsalz oder Natron
2 Dotter

Glasur:
2 Eiklar
300 g Staubzucker
Saft einer Zitrone

Zucker, Wasser, Honig, Zimt und Nelken aufkochen. Wenn die Masse überkühlt ist, Mehl dazugeben, zu einem Teig mischen und über Nacht rasten lassen. Am nächsten Tag Dotter und Hirschhornsalz dazumischen und gut abkneten. Einen halben Zentimeter dick auswalken und Kekse in beliebigen Formen ausstechen. Die Kekse auf ein befettetes, bemehltes Blech legen, eine Stunde rasten lassen und bei 175 Grad backen.
Glasur: Eiklar, Zucker und Zitronensaft längere Zeit rühren, bis eine dicke, weiße Glasur entsteht. Nach Erkalten die Kekse dick mit der Glasur bestreichen.

„Das Brot ernährt uns nicht!
Was uns im Brote speist,
Ist Gottes ewiges Licht,
Ist Leben und ist Geist!"
Angelus Silesius

Weizen

Getreide der Sonne

Weizen eroberte die Welt wie die Legionäre das römische Reich. Kein anderes Getreide wurde so stark vom Menschen geprägt und verwandelt und in so vielen Sorten angebaut. Keines ist in so vielen Ländern verbreitet. Nur in den überwiegend vom Reis lebenden asiatischen Ländern konnte sich der Weizen nicht behaupten. Man könnte sagen, er habe fast überall die ursprünglich verbreiteten Getreide verdrängt: die Hirse in Afrika, den Mais in weiten Teilen des amerikanischen Kontinents, Roggen, Hafer und Gerste in Europa.

Der Weizen, das Geschenk der Göttin Demeter an die Menschen, ist zur Massenware verkommen. Er wird auf dem Weltmarkt nach Belieben gehortet, zum Billigstpreis verschleudert oder – Sinnbild menschlichen Frevels – tonnenweise ins Meer geschüttet. Ganze Landstriche – vor allem in Nordamerika, der ehemaligen Sowjetunion und in Australien, wo scheinbar unbegrenzt Land zur Verfügung steht – werden von immer größeren Maschinen zerstört, mithilfe von Kunstdünger, Herbiziden, Insektiziden, Fungiziden usw. ausgebeutet und vergiftet. Mit diesen, im wahrsten Sinne des Wortes „verwüstenden" Methoden wird Weizen so billig produziert, daß Bauern in anderen Gegenden der Erde nicht mehr konkurrenzfähig sind und den Getreideanbau oder die Landwirtschaft überhaupt aufgeben müssen. In vielen sogenannten Entwicklungsländern wurde durch den Vormarsch des Weizens der traditionelle Ackerbau und damit die Subsistenzwirtschaft nachhaltig gestört. Die Menschen können die Dinge ihres täglichen Bedarfs nicht mehr selbst erzeugen und werden in neue Abhängigkeiten getrieben. Schlimmstenfalls sind sie dem Hunger noch mehr ausgeliefert.

Warum kann gerade der Weizen, Inbegriff des Getreides, des Korns, so ausgebeutet und gleichzeitig ausbeuterisch benutzt werden? Eine der Ursachen liegt im besonderen Aufbau des Weizenkorns, bei dem die Mineralstoffe in den Randschichten und die Vitamine im Keim konzentriert sind.

Wenn bei der Verarbeitung diese Randschichten entfernt werden, so entsteht ein weißes Mehl, das durch den hohen Anteil des Weizens an Klebereiweiß eine hohe Backfähigkeit hat. Bekanntermaßen gibt es Weizenmehl unterschiedlichster Ausmahlungsgrade und es können die köstlichsten Kuchen und Gebäcke, Brote, Teigwaren und Saucen damit zubereitet werden. Mit einer solchen Vielfalt an Verwendungsmöglichkeiten kann kein anderes Getreide aufwarten. Semmeln und Laugenbrezeln, französische Baguette und Zuger Kirschtorte, deutsche Hefeteilchen und österreichische Mehlspeisen, indische Fladenbrote und italienische Pasta, um nur eine kleine Auswahl zu nennen – all dies wird mit Weizenmehl zubereitet.

Zu den unendlichen kulinarischen Verlockungen gesellt sich der Umstand, daß das Mehl desto leichter lagerfähig, je feiner es ausgemahlen ist, was eine industrielle Verarbeitung begünstigt. Die weltweite Ausbreitung des Weizens als Feldfrucht hat aber auch damit zu tun, daß er auf Kunstdüngergaben mit hohen Ertragssteigerungen reagiert, ja durch Züchtung geradezu vom Kunstdünger abhängig gemacht werden kann. Derzeit liegt der Saatguthandel auf der ganzen Welt fast nur noch in der Hand von Chemiekonzernen. Speziell beim Weizen wird dann der Kunstdünger gleich mitverkauft und natürlich die ganze Palette der sogenannten „Pflanzenschutzmittel" – eine zynische Bezeichnung, wenn man bedenkt, daß es sich dabei um hochgiftige Chemikalien handelt.

Diese Entwicklungen zeigen aber nur die Schattenseiten dieses wunderbaren und vielfältigen Getreides, das als Begleiter der Mittelmeerkulturen eine besondere Beziehung zur Wärme und zur Sonne hat. In der Weizenkultur des alten Ägypten wurde der Sonnengott Ra verehrt. Auch im alten Persien, dessen Sonnenreligion auf den Priesterkönig Zarathustra zurückging, war der Weizen das bevorzugte Getreide.

„Zarathustra lehrt seine Schüler so: Ihr esset die Früchte des Feldes. Sie sind von der Sonne beschienen, aber in der Sonne lebt das hohe Geisteswesen ... laßt euch erfüllt sein von den geistigen Kräften der Sonne; die Sonne geht in euch auf, indem ihr die Früchte des Feldes genießt." (Rudolf Steiner)

Auch von der sinnlichen Wahrnehmung her können wir leicht einen Zusammenhang zwischen Weizen und Sonne herstellen: wie kein anderes Getreide leuchtet reifer Weizen in der Farbe der Sonne im goldenen Glanz. Und vielleicht war es Weizenstroh, das Rumpelstilzchen von der armen Müllerstochter zu Gold gesponnen haben wollte.

Weizen spielte eine große Rolle in der römischen Kultur. 820 Gramm Weizen erhielt der römische Legionär als Tagesration. Eine Kohorte führte eine Getreidemühle mit, sodaß ein Teil des Weizens auch als Brot oder Brei gegessen werden konnte.

„Weizen" umfaßt die verschiedensten Unterarten, die teils noch in der Urform existieren, wie Einkorn, Emmer oder Dinkel, teils aber – durch Selektionszüchtung oder Kreuzung – aus diesen drei Urformen hervorgegangen sind.

Die Weizenfamilie bietet die idealen Brotgetreide. Der Anteil an Klebereiweiß, der für die Backfähigkeit entscheidend ist, ist beim Dinkelweizen am höchsten. Aufgrund der besonders guten Backeigenschaften ist es durchaus plausibel anzunehmen, daß das erste Brot aus Dinkel entstanden ist, wahrscheinlich in Ägypten. Der Übergang von der vorher üblichen Zubereitung der Getreide als Suppe, Brei oder Fladen zum eigentlichen Brot bleibt ein geheimnisvoller Vorgang: aus zerkleinertem Getreide wurde über bestimmte Gärprozesse ein Teig hergestellt und in einem geschlossenen, vorher beheizten Ofen zu Brot gebacken.

Wer sich mit der Kunst des Brotbackens oder des Ofenbaus befaßt hat, wird dieses Ereignis als bedeutend und wunderbar empfinden. Die ständigen Verwandlungen während des Vorgangs erinnern an Prozesse in der Alchemie, wo

Weihenstephaner Emmer

eine Transformation, d. h. eine wesensmäßige Umwandlung der Materie erreicht wird. Brotbacken geschieht mithilfe von physikalischen (mischen, rühren, kneten, erwärmen, abkühlen), biochemischen (Gärung, salzen, würzen, räuchern) und magischen Vorgängen (segnen, Kreuzzeichen machen, gute Gedanken hineingeben).

Dieser große Schritt in der Entwicklung des Menschen hat wahrscheinlich an mehreren Orten und voneinander unabhängig stattgefunden. Denkbar ist er nur als Element eines größeren Entwicklungsprozesses. Brotbacken setzt umfassende kulturelle Leistungen voraus – etwa Backofen Bauen – und zieht viele andere nach sich. Der Wunsch und die Aussicht, das köstlich duftende Brot öfter zu genießen, hat die Menschen in ihren Anstrengungen beflügelt: die Techniken des Ackerbaus und der Getreidezüchtung, des Ofenbaus und der Siedlungstätigkeit ganz allgemein müssen sich stark verändert und erweitert haben.

In allen Ländern, in denen Weizen oder auch Roggen angebaut wurden, verfeinerte sich die Kunst des Brotbackens; Landschaftsgestaltung und Siedlungsformen, Arbeitsabläufe und Lebensgewohnheiten, sowie familiäre und gesellschaftliche Strukturen wurden von der Sorge um das tägliche Brot geprägt. Mythische und religiöse Vorstellungen und Handlungen ranken sich um Getreideanbau und Brotherstellung.

Neben dem Dinkel (triticum spelta) und dem sogenannten Saatweizen (triticum aestivum) ist auch das Einkorn (triticum monococcum) ein köstliches Brotgetreide und eine wunderschöne Pflanze noch dazu: die zarten flachen Ähren verfärben sich im Laufe des Sommers vom glänzenden Gelbgrün über ein warmes Rotgold zum weißlichen Gelb in der Zeit der Reife. Vielleicht steht auch diesem Getreide eine Renaissance bevor.

Der Emmer, Dritter im Bunde der Weizenurformen neben Dinkel und Einkorn, ist von eindrucksvoller Schönheit. Seine mächtigen Ähren mit den langen

DAS GLEICHNIS VOM SÄMANN

„Ein Sämann ging aufs Feld, um zu säen. Als er säte, fiel ein Teil der Körner auf den Weg, und die Vögel kamen und fraßen sie. Ein anderer Teil fiel auf felsigen Boden, wo es nur wenig Erde gab, und ging sofort auf, weil das Erdreich nicht tief war; als aber die Sonne hochstieg, wurde die Saat versengt und verdorrte, weil sie keine Wurzeln hatte. Wieder ein anderer Teil fiel in die Dornen, und die Dornen wuchsen und erstickten die Saat. Ein anderer Teil schließlich fiel auf guten Boden und brachte Frucht, teils hundertfach, teils sechzigfach, teils dreißigfach. Wer Ohren hat, der höre! ...

Hört also, was das Gleichnis vom Sämann bedeutet. Immer wenn ein Mensch das Wort vom Reich hört und es nicht versteht, kommt der Böse und nimmt alles weg, was diesem Menschen ins Herz gesät wurde; hier ist der Samen auf den Weg gefallen. Auf felsigen Boden ist der Samen bei dem gefallen, der das Wort hört und sofort freudig aufnimmt, aber keine Wurzeln hat, sondern unbeständig ist; sobald er um des Wortes willen bedrängt oder verfolgt wird, kommt er zu Fall. In die Dornen ist der Samen bei dem gefallen, der das Wort zwar hört, aber dann ersticken es die Sorgen dieser Welt und der trügerische Reichtum, und es bringt keine Frucht. Auf guten Boden ist der Samen bei dem gesät, der das Wort hört und es auch versteht; er bringt dann Frucht, hundertfach oder sechzigfach oder dreißigfach."

Matthäus, 13, 3–23

Grannen spielen in grüngelben, blaugrünen bis zu grauen und schwarzen Färbungen. Er nahm eine gänzlich andere Entwicklung: aus ihm heraus wurden die Rauhweizensorten und der Hartweizen gezüchtet. Der Hartweizen, wegen seiner länglichen, harten, glasigen Körner auch Glasweizen genannt, ist das Ausgangsprodukt für ein Lebensmittel mit „steiler Karriere": die italienischen Nudeln, die Pasta. Aus Hartweizengrieß und ohne Eier hergestellt, hat sie in unzähligen Varianten ihren Siegeszug um die Welt angetreten und ist vom Speisezettel nicht mehr wegzudenken. In Form der „Spaghetti" vermittelt uns der Weizen seine harmonische Ausgeglichenheit und feine Kultur – und dazu noch etwas von mediterraner Leichtigkeit und Heiterkeit, die unserer Sehnsucht nach geselligem Leben in wärmender Sonne entspricht.

Auch Brot aus Weizen kann uns diese ausgleichende, das Herz erfreuende Wirkung des Weizens vermitteln. So wie die Mittelmeerländer mit ihren hoch differenzierten Kulturen immer wieder eine vermittelnde Funktion innerhalb der Menschheit haben, stärkt der Weizen unsere eigene Mitte und damit auch die Fähigkeit, uns inspirieren zu lassen. Weizen- oder Dinkelgerichte sind daher ideal für geistig arbeitende Menschen.

Aufgrund der Eigenheiten des Weizenkorns, das Vitamine und Spurenelemente in den Randschichten konzentriert, ist es hier besonders wichtig, auf Qualität zu achten und zumindest teilweise Vollwertmehl zu verwenden. Es gibt auch hochwertige feine und fast weiße Mehle. Erwähnenswert und wenig bekannt: bei Produkten aus Vollkorn sind ökologischer Anbau und handwerkliche Herstellung besonders empfehlenswert. Gerade in den Randschichten des mit viel Chemie gezogenen Weizens können sich auch Schwermetalle und Gifte konzentrieren. Wir nehmen diese dann mit dem „gesunden" Vollkornbrot aus industrieller Herkunft auch konzentriert auf.

Wenn man die ausgleichende Wirkung des Weizens bedenkt, dann war es wohl nicht so falsch, daß wir als Kinder fast täglich abends (Weizen-)grießbrei bekamen. Beliebt war auch das „Kindskoch", ein Milchbrei halb aus Grieß und halb aus Mehl gemacht, eine feine und weiche Speise.

In Österreich wird oft der Ausdruck „Mehlspeise" anstelle von „Kuchen", „Torte" oder sogar „Dessert" verwendet : Knödel (Klöße), Nockerl (Spätzle), Strudel und Nudel, Palatschinken (Pfannkuchen) und Kaiserschmarrn, die kaum mehr bekannten Farfeln und Bladln, Muas und Striezel, Kuchen und Torten, und als krönender Abschluß des Jahres das Weihnachtsgebäck – alles wird aus Weizen zubereitet. Vieles davon schmeckt mit Vollmehl zubereitet besonders gut – experimentieren lohnt sich in jedem Fall.

Bereichernd für die schnelle und gesunde Küche sind auch die aus dem nördlichen Afrika stammenden

linke Seite:
verschiedene Saatweizen
(erste und zweite Reihe)
verschiedene Hartweizen
(untere Reihe)

unten: Dinkel

Weizenprodukte Couscous und Bulgur, beide ähnlich grobem Grieß. Sie garen schnell, sind köstlich und leicht schmeckende Grundlagen für meist scharf gewürzte Kombinationen mit Gemüsen, Fleisch und Fisch.

Von den Urformen des Weizens ist nur mehr der Dinkel einigermaßen bekannt: früher im nördlichen Europa weitverbreitet, wurde dieses Getreide in jüngerer Zeit fast nur mehr im alemannischen Bereich angebaut und wird daher auch „Schwäbisches Korn" genannt.

Dem vollen Geschmack und der hervorragenden Backqualität des auch „Spelz" genannten Dinkels stehen einige Eigenschaften gegenüber, die für den Bauern und den Müller nachteilig sind und die den Weizen anbaugünstiger erscheinen ließen: der Ernteertrag ist beim Dinkel stark schwankend, und die brüchige Ährenspindel erschwerte die Ernte; bei der Arbeit mit dem Mähdrescher spielt das allerdings keine Rolle mehr. Ausgesät und gelagert wird der Dinkel in den Spelzen, da diese das Korn vor Fäulnis und Schimmel schützen. Um die eßbaren Körner zu erhalten, müssen die festen Spelzen in der Mühle in einem zusätzlichen Arbeitsgang entfernt werden. Bei diesem aufwendigen Vorgang des Entspelzens, dem Gerben, entsteht quasi als „Abfallprodukt" ein ganz besonderes Material: die Dinkelspreu. Bescheiden grau-beige gesprenkelt, verlockt sie zum Hineingreifen und ruft erstauntes Entzücken hervor, weil sie so wunderbar leicht in den Händen liegt.

Dinkelspreu wird neuerdings wieder zur Matratzenfüllung verwendet. Weil sich die Spelzen im Kern der Matratze bei jeder Bewegung des Körpers mitbewegen, kann man sich wie in ein Nest hineinkuscheln und man nimmt die besänftigende und heiter stimmende Wirkung des Dinkels im Schlaf auf. Diese Wirkung macht man sich auch zunutze, wenn man kleine Dinkelspreukissen als

Heilkräfte im Weizen

Beim Aussieben von frisch gemahlenem Vollmehl bleiben kleine Teilchen der Randschichten im Sieb zurück. Diese als Weizenkleie bezeichneten Flöckchen werden vor allem zur Anregung der Darmfunktion dem Essen, vor allem Müsli und Joghurt, beigegeben; daneben hat sie noch eine sättigende Wirkung und kann daher zur Erleichterung des Abnehmens dienen. Auch bei äußerlicher Anwendung kommt die beruhigende und harmonisierende Wirkung des Weizens zur Geltung: Kleiebäder helfen bei vielerlei Ekzemen, Kleiepackungen bewirken eine schonende Reinigung der Haut bei Akne, auch indem sie Mitesser aufweichen.

In Form von Umschlägen kann Kleie bei Nerven- und Zahnschmerzen und auch bei Entzündungen und rheumatischen Schmerzen lindernd wirken.

Kopfpolster verwendet. Will man bequem und nahe dem Boden sitzen, zur Meditation oder zum entspannten Gespräch, so ist ein großes Dinkelspreukissen in seiner Wirkung nicht zu überbieten.

In jüngster Zeit hat der Dinkel eine Renaissance erlebt, auch durch die Verbreitung der sogenannten „Hildegard-Medizin", die auf die mittelalterliche Äbtissin und Mystikerin Hildegard von Bingen zurückgeht.

„Dinkel ist das beste Korn. Ist warm, fett, kraftvoll und lieblicher denn alle anderen Getreide. Es macht seinem Esser rechtes Fleisch und rechtes Blut, frohen Sinn und freudig, menschliches Denken. Wie immer gegessen, ob als Brot oder sonst wie verkocht, Spelt ist gut und lind …" (Hildegard von Bingen)

Dinkel hat zudem eine Eigenschaft, mit der er sich für den ökologischen Landbau geradezu von selbst empfiehlt. Auf Kunstdünger reagiert er nicht mit Ertragssteigerung, sondern nur mit der Entwicklung längerer und dünnerer Halme, sodaß er bei Unwettern leicht umgelegt wird. So kommt es, daß in den Grünlandgebieten Westösterreichs und Süddeutschlands, wo der traditionelle Anbau als Brotgetreide und Viehfutter schon fast zum Erliegen gekommen war, Dinkel wieder häufiger auf den Feldern zu sehen ist. Mit seinen kräftigen, im Wind schwingenden Ähren erinnert er an kleine Sensen. Im Winteranbau kommen ihm – in halbwegs günstigen Jahren – die klimatischen Bedingungen der Alpen und Voralpen durchaus entgegen, und ebenso die kalkhaltigen und schweren Böden.

Dinkel wird auch noch in einer besonderen Form verwendet, nämlich als Grünkern. Es handelt sich hier um einen in der Milchreife – solange das Korn noch saftig ist – geernteten Dinkel, der über Holzfeuer „gedarrt", d. h. langsam und bei geringer Hitze getrocknet wird.

„Es wird erzählt, daß vor über zweihundert Jahren nach mehrjährigen Mißernten ein schlimmer Sommer kam mit viel Regen, Hagelschlag und Überschwemmungen. Die Not zwang die Bauern, das noch aus dem Schlamm herausragende Getreide zu ernten, ehe es verfaulte. Die nassen Ähren mußten auf dem Holzfeuer gedarrt werden. Als man die Spelzen gelöst hatte und von den grau schimmernden Körnern eine Suppe kochte, war man begeistert von dem eigenartigen Duft und dem kräftigen, würzigen Geschmack der neu gewonnenen Speise und man blieb seither dabei, den Dinkel in dieser Art zu bereiten und zu verzehren." (Renzenbrink, Zeitgemäße Getreideernährung)

Suppen aus Grünkernmehl haben ein köstliches Aroma, der Schrot eignet sich wegen des nussig-rauchigen Geschmacks zur Füllung von Gemüse und die gekochten ganzen Körner schmecken als Salat.

Weizen in der Küche

RAHMSUPPE

½ Tasse Dinkelmehl
500 g mehlige Kartoffeln
1 ½ l Suppe
1 EL Kümmel
⅛ l Sauerrahm
2 TL Salz

Kartoffeln in kleine Würfel schneiden und mit Kümmel und Salz in der Suppe halbweich kochen. Den Sauerrahm mit dem Dinkelmehl und etwas kaltem Wasser verrühren und zehn Minuten in der Suppe mitkochen lassen.

GRÜNKERNSUPPE

50 g Grünkernmehl
1 l Suppe
Salz, Butter

Grünkernmehl im heißen Topf ohne Fett anrösten, mit der Suppe aufgießen und zehn Minuten kochen lassen; mit Salz abschmecken und mit etwas Butter verfeinern.

SPINATKÄSESPÄTZLE

150 g Dinkelmehl
100 g Weizenmehl
3 Eier
1/8 l Milch
500 g Spinat blanchiert
Butter
150 g geriebener Käse
1 Zwiebel

Mehl mit den Eiern, Milch und etwas Salz zu einem Teig verrühren und fünfzehn Minuten stehen lassen. Spinat im Mixer zerkleinern und zum Teig geben. In einem großen Topf reichlich Salzwasser zum Kochen bringen und den Teig portionsweise mit einem Spätzlehobel in das leicht kochende Wasser hobeln. Schwimmen alle Spätzle oben, mit einem Schaumlöffel herausnehmen und die nächste Partie verarbeiten. Die fertigen Spätzle in kaltem Wasser abschrecken. Die Zwiebel in Ringe schneiden und in etwas Butter anrösten. Abwechselnd Spätzle, Käse und Zwiebel in eine Auflaufform geben und bei 200 Grad im Backrohr dreißig Minuten überbacken.

GRÜNKERNLAIBCHEN

200 g grober Grünkernschrot
150 g Zucchini
75 g Frischkäse
1 Zwiebel
1 Knoblauchzehe
10 g Butter
375 ml Gemüsebrühe
1 Ei
gemischte Kräuter, Salz, Pfeffer
Kokosfett

In der erhitzten Butter die feingehackte Zwiebel und den Knoblauch glasig dünsten. Geraspelte Zucchini und den Grünkernschrot dazugeben und kurz mitdünsten. Einen Viertelliter Gemüsebrühe dazugeben, alles aufkochen lassen und bei geschlossenem Topf drei Minuten garen. Die Masse abkühlen lassen, die gehackten Kräuter, das Ei und den Frischkäse druntermischen, mit Salz und Pfeffer abschmecken. Mit feuchten Händen Laibchen formen und im erhitzten Fett kurz anbraten. Bei geschlossenem Deckel in zehn Minuten fertigbraten, dabei einmal wenden.

BULGURPILAW

200 g Bulgur
150 g getrocknete Aprikosen
2 EL Butterschmalz
1 Zwiebel
1/2 l Gemüsebrühe
1 Bund Petersilie
2–3 Zweige Minze
20 g Mandelblättchen
Ingwerpulver, Pfeffer, Salz

Zwiebelwürfel in Butterschmalz glasig dünsten. Den Bulgur dazugeben, unter Rühren anrösten und die Gemüsebrühe dazugeben. Fünf Minuten im geschlossenen Topf auf kleiner Flamme garen. Die Aprikosen waschen, trockentupfen und in Streifen schneiden. Petersilie und Minze hacken. Aprikosen und Mandelblättchen unter den Bulgur mischen und etwa fünf Minuten weiterköcheln lassen. Die Flüssigkeit sollte jetzt ganz verkocht sein. Mit den Gewürzen abschmecken und die Kräuter unterheben.

GEMÜSEKUCHEN VOM BLECH

3 Tassen Dinkelmehl
1 Tasse Wasser
1/2 Tasse Öl
1 TL Salz
ca. 1 kg Gemüse (ganz nach Geschmack, z. B. Karotten, Spinat, Mangold, Broccoli)
1/4 l Rahm (süß oder sauer)
2 Eier
Muskat, Salz

Mehl, Wasser, Öl und 1 TL Salz in einer Schüssel verrühren, mindestens eine halbe Stunde kaltstellen, anschließend mit den Händen auf dem Blech verteilen (Blech nicht einfetten, dafür für den Teig etwas mehr Öl verwenden). Das kurz gedünstete Gemüse auf dem Teig verteilen und etwas salzen.

Rahm, Eier, Muskat und Salz mischen und auf dem Kuchen verteilen. Eine halbe Stunde bei 200 Grad backen.

COUSCOUS-SALAT

200 g Couscous
375 ml Molke oder Buttermilch
4 EL Zitronensaft
5 EL kaltgepreßtes Olivenöl
300 g Zucchini
1 rote Paprikaschote
300 g Fleischtomaten
1 Bund Frühlingszwiebel
200 g Schafskäse
1 Knoblauchzehe
1 Bund Petersilie
1 Bund Koriander
Salz, Pfeffer

Den Zitronensaft mit dem Couscous, der Hälfte der Molke, Öl, Salz und Pfeffer in eine Schüssel geben und fünfzehn Minuten quellen lassen. Das Gemüse putzen und fein schneiden, Knoblauch und Kräuter hacken. Alles Gemüse unter den Couscous mischen und den Käse hineinbröckeln. Erst kurz vor dem Essen die restliche Molke hinzufügen.
Der Salat wirkt anregend und beugt bakteriellen Erkrankungen vor.

POLSTERZIPF

250 g glattes Weizenmehl
Salz
$1/4$ l Rahm
1 Schuß Rum
Ribiselmarmelade zum Füllen

Mehl salzen und mit Rahm und Rum zu einem geschmeidigen Teig verkneten. Dünn auswalken, auf die eine Hälfte der Teigplatte Marmeladehäufchen geben und die zweite Hälfte darüberschlagen. Zwischenräume und Rand festdrücken, zu Drei- oder Vierecken ausschneiden und in heißem Fett (Öl oder Schmalz) herausbacken. Nach dem Abtropfen mit Staubzucker oder Zimtzucker bestreuen.

APFELRADEL

150 g Weizenvollkornmehl
$1/8$ l Milch
2 Eier
Vanillezucker
3 säuerliche Äpfel
Butterschmalz
Zucker, Zimt

Mehl, Milch, Eier und Vanillezucker verrühren, den Teig fünfzehn Minuten stehenlassen und einen Schuß Mineralwasser dazugeben. Die geschälten Äpfel in dickere Scheiben schneiden. Die Apfelscheiben durch den Backteig ziehen und im heißen Butterschmalz von beiden Seiten goldbraun backen. Auf Küchenpapier abtropfen lassen und mit Zimt und Zucker bestreuen.

ZITRONENROULADE

125 g Weizen- oder Dinkelmehl (feingemahlen und ausgesiebt)
125 g Vollrohrzucker
5 Eier

Füllung:
150 g Butter
125 g geschlagener Rahm
75 g Birnendicksaft
75 g Honig
4 Eier
Saft von 5 Zitronen
abgeriebene Schale von 1 Zitrone

Eier und Zucker im Wasserbad leicht erwärmen und schaumig schlagen. Das Mehl unterziehen und die Masse auf Backpapier aufstreichen. Bei 200 Grad goldbraun backen, die warme Roulade kurz einrollen und dann wieder ausgerollt abkühlen lassen. Das Backpapier abziehen.
Für die Füllung alle Zutaten bis auf den Schlagrahm mischen, unter ständigem Rühren aufkochen, dann erkalten lassen. Mit dem Schlagrahm mischen und die Roulade füllen und kühlstellen.

Reis

Korn des Ostens

Der Reis entspricht dem Osten wie der Weizen dem Westen. Wie Sonne und Mond stehen die beiden Getreide einander gegenüber – der goldene Weizen und der silbrige Reis bilden zusammen die Basis der menschlichen Ernährung. Wie jedes Getreide ist der Reis auf die Sonne angewiesen, zum Mond aber hat er als Getreide im Wasser eine besondere Beziehung. Der Mond ist der Herr der Gezeiten. So wie er selbst im Rhythmus der Mondphasen durch den Tierkreis wandert, bewegt er die Wassermassen der Meere im ständigen Wechsel von Ebbe und Flut über die Erde. Über den Flüssigkeitshaushalt beeinflußt er die Entstehungs- und Wachstumsprozesse in allem Lebendigen.

Die „neuen" Mondregeln und andere Erkenntnisse, die eigentlich ein Aufgreifen alten Wissens sind, heben solche Zusammenhänge langsam wieder ins allgemeine Bewußtsein.

Es gibt zwar auch den sogenannten Bergreis, der im Trockenen wächst; aufgrund des wesentlich höheren Ertrags wird aber fast ausschließlich Wasserreis angebaut.

Reis ist sehr arm an Natrium, das zusammen mit Kalium den Stoffwechsel in Gang hält und im Organismus die Aufgabe hat, Wasser zu binden. Die Wirkung einer Reisdiät bei Gewebsstauungen, Nierenschwäche und hohem Blutdruck kann allerdings nicht allein mit dem geringen Natriumgehalt erklärt werden, denn mit jeder Prise Salz nehmen wir reines Natriumchlorid zu uns. Die Natriumarmut ist eher ein Hinweis darauf, daß der Reis dem Menschen bei einer bestimmten Lebensaufgabe helfen kann: die Dinge in Fluß bringen, das Wasser fließen lassen, Druck abbauen, loslassen. Es leuchtet ein, daß der Buddhismus auf dem Boden einer Reiskultur entstanden ist.

Ein Samenkorn bringt tausend bis dreitausend Reiskörner hervor; nur wenn man um die einzigartige Fruchtbarkeit dieses Getreides weiß, kann man verstehen, warum sich Generationen von Menschen in die unendliche Arbeit des Reisanbaus gefügt haben. Heute wird auch diese Arbeit überwiegend von Maschinen verrichtet, aber in weiten Teilen Asiens werden immer noch die traditionellen Methoden angewendet.

Reis wird sowohl in Niederungen als auch an Berghängen gezogen, Reisfelder und Reisterrassen sind das prägende Element vieler asiatischer Landschaften.

In Saatbeeten aufgezogen, wird jede einzelne Pflanze einige Wochen nach der Aussaat mit der Hand aufs Feld gesetzt. Flüsse und Bäche werden umgeleitet und Lehmdämme errichtet, um die Reisfelder zu überschwemmen. In diesem Stadium ihrer Entwicklung kann die Reispflanze nur gedeihen, wenn Wurzeln und Schäfte vom Wasser umflutet werden. Zunächst erscheinen die Abstände zwischen den anfangs handhohen Reisbüscheln groß, das Feld ziemlich leer. Dank der ungeheuren vegetativen Kraft der Pflanze aber raschelt schon bald ein dichtes grünes Reisfeld im Wind.

Das Feld wird immer wieder bewässert, um den Wasserspiegel mit den wachsenden Pflanzen steigen zu lassen; nebenbei werden auch die mitwachsenden Unkräuter gehemmt. Einige Monate nach dem Auspflanzen blüht der Reis und befruchtet sich. Wenn die Körner nach der Blüte gelb werden, wird das Wasser abgelassen, der Reis reift noch einige Wochen nach.

Die Bauern leben bis zur Ernte weitgehend von Fischen, die zwischen den Reispflanzen laichen und aufwachsen. Teilweise wird regelrechte Karpfenzucht auf den Reisfeldern betrieben. Dort wo traditionelle Reissorten durch Neuzüchtungen ersetzt wurden, werden Kunstdünger und chemische Pflanzenschutzmittel notwendig. Die Fische können in dem Wasser nicht mehr leben und die Bauern verlieren diese wichtige Einkommens- und Nahrungsquelle. Da sich – auch aus anderen Gründen – die neuen Züchtungen keineswegs immer bewähren, wird in Asien wie auch in Europa wieder vermehrt auf alte Sorten zurückgegriffen.

Geerntet wird der Reis fünf bis sechs Monate nach der Aussaat, und diese Arbeit ist ebenso „individuell" und mühevoll wie die Arbeit des Pflanzens. Der Reis hat einen hohlen Stengel, der aufrecht beblättert ist, er kann fast zwei Meter hoch werden. Wie der Hafer und die Hirse trägt er keine Ähre, sondern eine dichtgefügte Rispe von zwanzig bis dreißig Zentimeter Länge. Bis zu hundert Körner, von holzig-zähen Spelzen fest umschlossen, kann eine Rispe tragen. Aufgrund der zahlreichen Seitentriebe der Pflanze kann aus einem Reiskorn tausendfältige Frucht sprießen.

Im traditionellen Anbau werden die einzelnen Rispen kurz abgeschnitten und dann getrocknet. Auch die weitere Verarbeitung ist aufwendig: von Hand werden die Rispen gedroschen und die Körner aus den Hüllen befreit. Auf den Feldern bleibt das hohe Stroh stehen.

„Die kulturelle Entwicklung der Völker Asiens ist eng mit dem Reisanbau verknüpft. Der Reis wurde als Gabe der Gottheit verehrt. Daher begleitete man die einzelnen Arbeiten von der Saat bis zur Ernte, die alle mit der Hand verrichtet werden mußten, mit kultischen Zeremonien. Man empfand die Abhängigkeit

AUF DEN REISFELDERN

Als ich unlängst zum Kamo-Tempel pilgerte, wunderte ich mich auf dem Weg über die Frauen auf dem Feld. Ihr Gesicht unter dem schirmförmigen Hut versteckt, bewegten sie sich langsam rückwärts, sich niederhockend und wieder aufstehend. Es war lustig, ihnen zuzusehen; doch was sie dabei sangen, gefiel mir nicht:

> Du, Kuckuck,
> Gemeiner Schelm!
> Wenn du rufst,
> steh ich auf dem Reisfeld
> und muß emsig Reis pflanzen.

Gegen Ende des achten Monats sah ich auf dem Weg nach dem Uzumasa-Tempel, daß auf denselben Feldern der Reis schon hoch stand. Die Leute mähten den Reis und brachten die Ernte ein. Wahrlich, die Zeit vergeht schnell, so wie es im alten Gedicht heißt:

> Gestern setzten wir die Reispflanzen ins Feld,
> Heute weht der Herbstwind über die reifen Ähren.

Diesmal aber arbeiteten nur Männer. Sie packten die Reisbündel über der Wurzel mit einer Hand an und schnitten sie mit der anderen Hand mit einem Messer oder einem ähnlichen Ding ab. Ihre Geschicklichkeit war so erstaunlich, daß ich dies eigentlich noch dem Kapitel dieses Heftes „Was wunderbar ist" hinzufügen könnte.

Aus dem Kopfkissenbuch der Hofdame Sei Shonagon

des Pflanzenwachstums von kosmischen Rhythmen und bezog die Mondphasen und Sternkonstellationen in sein Tun mit ein. Das Wohl und Wehe der Völker Asiens wurde von der Reisernte bestimmt. Wenn in den gefürchteten Jahren der Trockenheit der Wasserspiegel vorzeitig sank, die Reispflanzen sich braun färben, dahinwelken und die Ähren nach unten hängen, dann ist Hungersnot die Folge mit Krankheit, Erschöpfung und Tod. Reisernte war Schicksal. Und Schicksal empfingen die Menschen aus den Händen der Gottheit. Wie der Mensch des Abendlandes um sein ‚tägliches Brot' bittet, so erfleht der Asiate den Reis." (Renzenbrink, Die sieben Getreide)

Es gibt über eintausend Reissorten auf der Welt. Reis wird außer in Asien vor allem auch in Süd- und Mittelamerika und den USA angebaut. In Europa wächst er praktisch nur noch in der Poebene in Norditalien, wo fruchtbarer Boden, Wasserreichtum und warmes Klima den Bedürfnissen dieses tropischen Getreidegrases entgegenkommen. In Italien wird der Reis allerdings maschinell auf relativ trockenem Boden ausgesät und erst später überflutet; hier wird er auch nach biologisch-dynamischer Wirtschaftsweise angebaut.

Der in Italien wachsende Reis, von Größe und Form her ein Mittelkornreis, wird vor allem für Risotti verwendet. Diese werden – in den unterschiedlichsten Kombinationen mit Gewürzen, Gemüsen, Pilzen und Meeresfrüchten – in Norditalien oft als primo piatto, als erster Gang, gereicht. In den meisten

Heilkräfte im Reis

Auch in der Heilkunde wird dieses Korn des Ostens angewendet: Im Reiskorn ist das Eiweiß anders gebunden und verteilt als bei anderen Getreidekörnern. Bei diesen konzentriert sich das sogenannte Klebereiweiß meist in den Randschichten, die leicht mechanisch beseitigt werden können. Dadurch wird Eiweiß und Stärke voneinander getrennt. Beim Reiskorn ist das Eiweiß mit der Stärke so verbunden, daß sie nicht mechanisch getrennt werden können.

Reisschleim, der relativ wenig Eiweiß und Stärke enthält, wird vor allem in den ersten Säuglingsmonaten bei Austrocknungs- und Abmagerungserscheinungen als Heilnahrung eingesetzt. Auch Erwachsenen gibt man ihn bei diarrhöischen Zuständen mit Erfolg.

REISSCHLEIM

Eine Tasse möglichst stärkereicher Reis (Rundkorn- oder Mittelkorn) wird in vier Tassen kaltem Wasser angesetzt und bis zur Schleimbildung gekocht (etwa eine halbe Stunde). Danach den Schleim durch ein Sieb passieren und mit Salz oder Suppenwürze abschmecken. In einer Thermoskanne aufbewahrt, kann er in kleinen Mengen über den Tag verteilt getrunken werden. Ohne Salz wird Reisdiät bei Hochdruckerkrankung und allen Stauungserscheinungen im Gewebe eingesetzt. Besonders günstig ist die Wirkung auf den diastolischen Druck, also den unteren Wert bei der Blutdruckmessung. Möglichst vollwertigen Langkornreis in Wasser dünsten (zweieinhalb Tassen Wasser auf eine Tasse Reis) und mit Kräutern würzen. Mit Obst oder Gemüse ergänzt können einige Reistage bereits Erfolge erzielen.

Regionen Italiens ist es weitgehend die Pasta, allen voran die Spaghetti, die diesen Platz einnimmt.

Das spanische Nationalgericht, die Paella, ist eine Reispfanne mit Safran gewürzt und intensiv gelb gefärbt; dazu kommen Huhn, Schweinefleisch, Meeresfrüchte und Gemüse.

Der weichkochende Rundkornreis wird eher für süße Gerichte wie Milchreis oder Reisauflauf verwendet oder, in den Mittelmeerländern, als Kuchenfüllung. Die asiatischen Spitzensorten – etwa Patna-, Jasmin- oder Basmatireis – sind den Langkornreisen zuzuordnen. Gute Qualität und richtige Zubereitung vorausgesetzt, bleiben sie beim Kochen trocken und körnig. Sie sind eine aromatisch duftende Grundlage für die raffiniert gewürzten Gerichte der Küchen Asiens. Daß in den meisten Asien-Restaurants in Europa nur ein äußerst müder Abklatsch asiatischer Kochkunst geboten wird, sei nebenbei bemerkt.

Angesichts der verlockenden exotischen Vielfalt asiatischer Köstlichkeiten, die uns zahlreiche Kochbücher bieten, sollte nicht vergessen werden, daß viele Menschen in den Ursprungsländern dieser Gerichte sich solchen Luxus niemals leisten können – auch wenn die Zeit der großen Hungersnöte in Asien vorbei zu sein scheint.

Ein großer Teil dieses bevölkerungsreichsten Kontinents lebt zudem aus religiösen Gründen vegetarisch. Für viele Menschen war und ist der Reis zeitweise die einzige Nahrung; dies erklärt auch seine zentrale Stellung.

Noch ein Wort zum Thema Vollwertreis: Weißer Reis wird nach dem Schälen geschliffen, poliert und zum Teil gebleicht. Vollwertreis wird schonend geschält, damit das sogenannte Silberhäutchen, die darunter liegende mineralstoff- und vitaminreiche Schicht und der Keimling erhalten bleiben.

Beim Geschmack von Naturreis scheiden sich die Geister – auch hier gibt es jedenfalls eine riesige Bandbreite an Qualität und Geschmack. Allgemein kann nur geraten werden, beim Einkauf nicht zu sparen und auch einmal Duftreis oder Himalaya-Reis auszuprobieren. Der sonst oft etwas fade Reis als Beilage kann so zum Geschmackserlebnis werden.

Reis in der Küche

EINFACHER MILCHREIS

250 g Rundkornreis
¼ l Wasser
½ l Milch
Vanille
geriebene Schale von ½ Zitrone
50 g Butter
Birnendicksaft (oder anderer Obstsaft)

Reis im Wasser zum Kochen bringen und die Milch hinzufügen, mit Vanille und Zitronenschale würzen. Den fertigen Reis mit 50 g zerlassener Butter übergießen und mit Birnendicksaft beträufeln.

REIS NACH SCHWEIZER ART

250 g Rundkornreis gekocht
geriebene Schale einer Zitrone
1 Prise Ingwer
1 EL Honig
250 g Beeren, Kirschen oder Orangenscheiben
¼ l süßer Rahm geschlagen

Alle Zutaten werden vermischt, der geschlagene Rahm wird zum Schluß untergerührt.

RISOTTO MILANESE (AUS MAILAND)

250 g Reis (guter Risottoreis)
3 EL Olivenöl
60 g Butter
Gemüsebrühe
½ Zwiebel
½ Glas Weißwein
2 g Safranpulver
60 g geriebener Parmesan
Salz

Die Zwiebel sehr fein schneiden und ungefähr zehn Minuten in einem weiten Topf mit Olivenöl, der Hälfte der Butter und Salz andünsten. Den Reis hinzufügen, etwas anrösten und dann den Wein mit etwas Suppe dazugeben, nach Bedarf immer wieder Suppe nachgießen. Den Safran in wenig Suppe auflösen und vor Beendigung der Kochzeit hinzufügen. Wenn der Reis noch ein wenig „al dente" ist, wird er vom Feuer genommen, mit der restlichen Butter und dem Käse vermischt.

KREOLISCHER REIS

200 g Vollkornreis (Langkorn)
3 EL Olivenöl
400 ml Gemüsebrühe
400 g feste Aprikosen
1 Bund Frühlingszwiebeln
je 50 g grüne und schwarze Oliven
75 g Cashewkerne
½ TL geschroteter Pfeffer, Salz

1 EL Öl erhitzen und den Reis darin andünsten. Die Brühe und den Pfeffer dazugeben, aufkochen und bei schwacher Hitze in etwa 45 Minuten ausquellen lassen. Die Aprikosen in Stücke schneiden, mit den feingeschnittenen Frühlingszwiebeln, den in Scheiben geschnittenen Oliven und Cashewkernen mit dem Reis vermischen und mit Sojasauce und etwas Zimt abschmecken. In eine geölte Form (1 EL Öl) füllen, mit dem restlichen Öl beträufeln und im sehr heißen Backrohr zehn Minuten ziehen lassen.

KOKOS-REISRING

200 g Langkornreis
¼ l Milch
200 ml Gemüsebrühe
75 g Kokosflocken
Salz
Fett für die Form

Die Milch mit den Kokosflocken aufkochen lassen, von der Herdplatte nehmen und einige Minuten ziehen lassen. Mit Gemüsebrühe auffüllen, salzen, den Reis in der Flüssigkeit aufkochen und etwa zwanzig Minuten ausquellen lassen. Eine Kranzform einfetten, den Reis in die Form geben und gut andrücken. Vor dem Stürzen einige Minuten stehen lassen. Der Ring kann mit jeder Art von Gemüseragout serviert werden.

GEBRATENER REIS AUF CHINESISCHE ART

300 g Langkornreis (gekocht und abgekühlt)
2 Eier leicht geschlagen
1 Zwiebel
4 Frühlingszwiebeln
250 g Karotten
100 g Erbsen
250 g kleine gekochte Garnelen
2 EL Erdnußöl
2 EL Sojasauce
Salz, Pfeffer

Die Eier mit Salz und Pfeffer würzen, im Wok oder in einer tiefen Pfanne 1 EL Öl erhitzen, Eier hineingießen. Sobald die Eimasse fest ist, diese in kleine Stücke schneiden und beiseite stellen. Restliches Öl erhitzen, grob geschnittene Zwiebel zugeben und bei starker Hitze unter Rühren braten, bis sie glasig sind. Karottenstreifen zugeben und fünf Minuten mitbraten. Reis und Erbsen zufügen und drei Minuten rühren, bis der Reis gut durchwärmt ist. Garnelen, in Scheiben geschnittene Frühlingszwiebeln, Sojasauce und Eistreifen zugeben und kurz erhitzen.

Hafer

Der Muntermacher

Hafer ist uns vor allem bekannt in Form von Haferflocken oder als Viehfutter für Pferde. Besonders Kutsch- und Arbeitspferde sind auf die energiespendende Wirkung dieses Getreides angewiesen. Mit der starken Zunahme der Pferdehaltung in den letzten Jahren wird vielleicht der Anbau von Hafer als Ackerfrucht wieder belebt. Aber auch für den Menschen hat der Hafer besondere Bedeutung, da er nicht nur Nahrungsmittel, sondern auch das wohl wichtigste und vielseitigste Heilmittel unter den Getreiden ist.

Hafer wird 60 bis 150 Zentimeter hoch. Da er sehr wasserbedürftig ist, kann er seine Wurzeln bis zweieinhalb Meter tief in die Erde strecken. Daher trocknet die Erde bei häufigem Haferanbau allzu leicht aus und es muß dann wieder eine andere Feldfrucht angebaut werden.

Im Gegensatz etwa zu Roggen, Weizen oder Gerste trägt der Hafer keine kompakte Ähre, sondern eine lockere Rispe: die einzelnen Ährchen sind an zarten Trägern aufgehängt und bewegen sich anmutig schon beim leisesten Windhauch. Im frühen Sommer erscheint ein Haferfeld wie ein tiefgrünes wogendes Meer, das im Licht der Sonne goldgrün aufleuchtet. In der Reifezeit, im August, tragen die Pflanzen unterschiedlichste Gelbtöne: vom matten Hellgelb bis zum metallisch glänzenden Goldgelb, manche Sorten mit schwärzlichen Einsprengseln. Die einzelnen Pflanzen treten jetzt stärker aus der Fläche des Feldes hervor und werden etwas starr; bei Wind ist in den ausgetrockneten Hülsen nun ein leises Rascheln und Wispern zu vernehmen.

Hafer ist zwar eines der jüngeren Getreide, sein Anbau geht dennoch weit zurück. Schon in den Pfahlbauten der Jungsteinzeit wurden neben Weizen und Gerste auch Spuren von Hafer gefunden. Im nördlichen Europa, im Süden bis zu den Alpen, im Osten bis an die Karpaten heran war der Hafer lange Zeit das Hauptnahrungsmittel der Menschen. Sie genossen ihn als Brei oder Grütze, später als Brot, obwohl der Hafer allein kein sonderlich geeignetes Brotgetreide ist.

In der Edda, dem nordischen Volksmythos, spricht der Donnergott Thor, die mächtigste der germanischen Gottheiten, zum Fährmann:

„Fahre mich über den Sund,
ich speise dich dafür am Morgen;
einen Korb trag ich auf der Schulter,
bessere Speise gibt es nicht.
Ich aß in Ruhe,
eh' ich von Haus aufbrach,
Hering und Hafer,
das hält immer noch vor."

(zit. nach Simonis, Korn und Brot)

Bei den Germanen war der Hafer die Nahrung aller Bevölkerungsschichten, von den Fürsten bis zu den Sklaven. Vielleicht besteht ein Zusammenhang zwi-

schen der sagenhaften Kraft und Angriffslust der germanischen Völker und ihrer „Kraftnahrung", der Hafergrütze.

Auch inmitten der mediterranen Weizen- und Gerstenkultur des antiken Griechenland wurde Hafer angebaut. Vor allem Kranken wurde er gegeben, weil man ihn für leichter verdaulich hielt als die übliche Gerstennahrung des einfachen Volkes. Der griechische Arzt Dioskurides empfahl Haferkorn als Umschlag, den Brei gegen Durchfall und Haferschleim gegen Husten.

Im Europa nördlich der Alpen blieb der Energiespender Hafer bis ins späte Mittelalter hinein die wichtigste Nahrung. Der „Habersack" war der Proviantbeutel der Söldnerheere bis zum Dreißigjährigen Krieg. Mit der Einführung der leichter zu kultivierenden Kartoffel – in weiten Teilen Europas bald billiges Volksnahrungsmittel – verlor der Hafer schnell an Bedeutung als Nahrung für den Menschen. Da die Arbeitspferde mehr und mehr durch Motoren ersetzt wurden, ging der Haferanbau weiter zurück.

In unseren Breiten ist der Anblick eines Haferfeldes eine Seltenheit geworden. In Skandinavien allerdings sind Haferkekse beliebt geblieben und auch das Knäckebrot wurde zunächst aus Hafer hergestellt. In Großbritannien blieb als Relikt aus früheren Zeiten der „Porridge" erhalten, der morgendliche Haferbrei. Er soll vor allem Kindern Kraft für den Tag geben.

In Form von Haferflocken und vor allem in der modischen Variante des Müsli hat der Hafer eine Renaissance erlebt. Aus der Jubiläumsschrift eines bekannten Flockenherstellers:

„Schon dem Tierzüchter sind die Wirkungen des Hafers bekannt. Auch unsere Versuchspersonen schien ‚der Hafer zu stechen'. Sie waren auffallend wenig müde, fühlten sich arbeitsfrisch und waren zwar leicht hungrig, aber ausgesprochen guter Stimmung."

Geerntet werden beim Hafer vor allem die Körner, aber für die verschiedensten Zwecke auch das Stroh. Für die menschliche Ernährung müssen die Körner aus ihren Spelzen gelöst werden, wie etwa auch beim Dinkel. Dann erst erhält man den eßbaren Haferkern mit seinen wertvollen Haferbestandteilen.

Heilkräfte im Hafer

Besondere Bedeutung hat das Hafereiweiß, das durch seine spezielle Zusammensetzung der Aminosäuren die Bildung der roten Blutkörperchen und die Zellatmung günstig beeinflußt. Die Kohlenhydrate des Hafers, speziell der Fruchtzucker, wirken anregend auf die Insulinproduktion der Bauchspeicheldrüse, sodaß dieses Getreide für Diabetiker zur Erleichterung der Diät besonders geeignet ist. Seit Beginn des Jahrhunderts wurden Haferkuren empfohlen: durch Hafertage abwechselnd mit Gemüsetagen soll eine Verminderung der Zuckerausscheidung über den Urin sowie eine Senkung des Blutzuckerspiegels erreicht werden.

Hafer enthält erheblich mehr Fette als andere Getreide, wobei deren besondere Zusammensetzung den Cholesterinstoffwechsel positiv beeinflußt.

	g Eiweiß	g Fett	g Kohlenhydrate	g Asche
Haferflocken	14,0	6,7	65	1,9
Hirse, geschält	11,2	7,5	65	1,5
Mais	9,9	4,4	69	1,3
Reis	8,0	0,5	77	0,8
Roggenmehl	6,9	1,1	76	0,8
Weizenmehl	11,8	1,5	71	0,6
Weizengrieß	11,5	0,7	76	0,5

Neben der günstigen Zusammensetzung der Hauptnahrungsstoffe enthält der Hafer auch eine Fülle weiterer wichtiger Wirkstoffe aus dem Bereich der Vitamine und Spurenelemente. Besonders reichlich vorhanden sind Kalzium, bekanntermaßen wichtig für Knochen und Zähne, Eisen mit seiner wichtigen Rolle bei der Blutbildung und Magnesium, das unter anderem auch zur Aufrechterhaltung der Herzfunktion nötig ist.

Hafer wirkt auf die Verdauung und zwar in zweifacher, sich ergänzender Weise: die Rohfasern regen die Darmperistaltik an, während die Schleimstoffe die Darmwand vor Überreizung schützen, sodaß er anregend und zugleich schonend ist. Auch bei Magen- und Zwölffingerdarmgeschwüren wird Haferschonkost empfohlen, wegen der basischen Wirkung auch bei rheumatischen Erkrankungen.

Die anregende Wirkung des Hafers kann vermutlich auch auf einen hormonartigen Stoff mit antriebssteigernder und belebender Wirkung zurückgeführt werden – ein Hinweis darauf, daß Nahrungsmittel psychotrop wirken, d. h. Einfluß haben auf unsere Gefühle und geistigen Fähigkeiten. Beim Hafer äußert sich diese Wirkung in einer gehobenen heiteren Stimmung mit Unternehmungslust und Aktivitätsdrang. Bei sitzender, konzentrierter Tätigkeit ist Hafer allerdings nicht zu empfehlen, da er unruhig macht, wenn man sich nicht körperlich ausleben kann. Daher ist es möglicherweise besser, Schulkindern das Frühstücksmüsli nicht mit Haferflocken, sondern mit anderen Getreideflocken zu geben.

Heilkräfte im Hafer

Vor allem bei Kindern und alten Menschen wirkt Hafer aufbauend und kräftigend in der Rekonvaleszenz nach Krankheiten.

Durch den hohen Fluorgehalt bietet Hafer Schutz gegen Karies.

In der Homöopathie gibt es eine Hafertinktur. Sie wird eingesetzt bei Erschöpfung durch geistige Überarbeitung, bei Schlaflosigkeit und Appetitmangel. Eine besondere Anwendung dieser Tinktur stellt die Unterstützung bei der Nikotinentwöhnung dar.

Neben dem Korn wird auch das Haferstroh als Heilmittel verwendet. Es gibt Haferstrohtropfen gegen Nervosität und Schlaflosigkeit und verschiedene Anwendungsmöglichkeiten für Haferstrohabkochungen.

Haferstrohvollbäder nimmt man bei Gicht und rheumatischen Erkrankungen. Sitzbäder werden bei Darmkoliken und Blasenleiden empfohlen. Frostbeulen und erfrorene Glieder können mit Haferstrohabkochungen behandelt werden.

Einleuchtend ist im Zusammenhang mit dem Wesen des Hafers die Wirkung von Fußbädern: sie beleben chronisch kalte und stärken müde Füße – eine Wohltat für Menschen, die viel stehen oder gehen müssen.

Belebendes und stärkendes Getränk: zwei Liter Hafer werden in frischem Wasser sehr gründlich gewaschen und dann in drei Liter Wasser gekocht, sobald die Flüssigkeit auf die Hälfte reduziert ist, sofort abseihen. Nach dem Abkühlen wird die Flüssigkeit mit Honig gesüßt und über den Tag verteilt schluckweise getrunken.

„Wenn ihr in das Land kommt, das ich euch gebe, soll das Land Sabbatruhe zur Ehre des Herrn halten. Sechs Jahre sollst du dein Feld besäen, sechs Jahre sollst du deinen Weinberg beschneiden und seinen Ertrag ernten. Aber im siebten Jahr soll das Land eine vollständige Sabbatruhe zur Ehre des Herrn halten: Dein Feld sollst du nicht besäen und deinen Weinberg nicht beschneiden. Den Nachwuchs deiner Ernte sollst du nicht ernten, und die Trauben deines nicht beschnittenen Weinstockes sollst du nicht lesen. Für das Land soll es ein Jahr der Sabbatruhe sein. Der Sabbat des Landes selbst soll euch ernähren; dich, deinen Knecht, deine Magd, deinen Lohnarbeiter, deinen Halbbürger, alle, die bei dir leben. Auch deinem Vieh und den Tieren in deinem Land wird sein ganzer Ertrag zur Nahrung dienen."

Levitikus, 25, 1–7

Hafer in der Küche

GEKOCHTE HAFERKÖRNER (SCHONKOST)

250 g Haferkörner
½ l warmes Wasser
30 g Butter
½ TL Salz

Die gewaschenen Haferkörner in einem halben Liter Wasser über Nacht einweichen, jedoch nicht länger als zehn Stunden. Mit dem Einweichwasser zum Kochen bringen und eine dreiviertel Stunde kochen lassen. Wenn nötig während des Kochens noch einen Viertel Liter Wasser zugeben. Butter zugeben, mit Salz abschmecken, nachquellen lassen.

KERBELSUPPE

50 g Haferschrot
1 l Gemüsebrühe
1 Handvoll geschnittener Kerbel
⅛ l Rahm
1 TL Salz
Fenchel, Basilikum, Salz

Den Schrot in der Brühe fünfzehn Minuten kochen und mit Salz und den Gewürzen abschmecken. Den Kerbel und den Rahm untermischen.

HAFERFLOCKENSUPPE

50 g Haferflocken
50 g Butter
1 feingehackte Zwiebel
1 TL Majoran
etwas Muskatnuß
Salz

Die Zwiebel und die Haferflocken in der Butter anrösten, mit einem Liter Wasser zehn Minuten sanft kochen lassen. Mit Salz und Gewürzen abschmecken.

HAFERSCHROT-PALATSCHINKEN OHNE EI

250 g Haferschrot
½ l kaltes Mineralwasser
2 TL Salz
2 EL Öl

Die Zutaten zu einem dickflüssigen Teig rühren und in heißem Butterschmalz dünne Pfannkuchen backen. Sie können gut mit Gemüse oder Champignons gefüllt werden.

HAFERFLOCKENGUEZLI

150 g Haferflocken
6 TL Vollrohrzucker
30 g Butter

150 g Vollrohrzucker
50 g geriebene Haselnüsse
120 g Butter
200 g fein gemahlenes Weizenmehl
2 Eier
Saft und Schale einer halben Zitrone

Die Haferflocken mit den 6 TL Vollrohrzucker in den 30 g Butter unter ständigem Rühren in der Bratpfanne rösten. Etwas abkühlen lassen und mit den restlichen Zutaten vermengen. Zu einem Teig verarbeiten und eine Stunde kühl stellen. Drei Millimeter ausrollen und beliebige Formen ausstechen. Bei 180 Grad fünfzehn Minuten knusprig ausbacken.

SÜSSER HAFERTRUNK

50 g Haferschrot
1–2 EL Honig
2 EL Haselnußmus
1/10 l Apfel- oder Birnendicksaft

Den Haferschrot in einem Liter Wasser fünfzehn Minuten sanft kochen lassen und abseihen. Die restlichen Zutaten in das abgekühlte Haferwasser mischen und gut verrühren.

Hirse

Erinnerung ans Schlaraffenland

Hirse wird mit Fruchtbarkeit und Fülle in Verbindung gebracht. Am Hochzeitstag wurde das Brautpaar mit Hirse überschüttet und der Braut Hirse in die Schuhe gestreut, um Geld und Kindersegen herbeizuwünschen. Auf Java wurde Hirse rund um die Reisfelder ausgesät, um den Reis zu üppigerem Wachstum anzuregen. Von überquellender Fülle erzählt uns auch das Märchen vom süßen Brei:

„Es war einmal ein armes, frommes Mädchen, das lebte mit seiner Mutter allein, und sie hatten nichts mehr zu essen. Da ging das Kind hinaus in den Wald und da begegnete ihm eine alte Frau, die wußte seinen Jammer schon und schenkte ihm ein Töpfchen, zu dem sollt' es sagen: ‚Töpfchen, koche', so kochte es guten, süßen Hirsenbrei, und wenn es sagte: ‚Töpfchen, steh', so hörte es wieder auf zu kochen.

Das Mädchen brachte den Topf seiner Mutter heim, und nun waren sie ihrer Armut und ihres Hungers ledig und aßen süßen Brei, so oft sie wollten. Auf eine Zeit war das Mädchen ausgegangen, da sprach die Mutter: ‚Töpfchen, koche', da kocht es, und sie ißt sich satt; nun will sie, daß das Töpfchen wieder aufhören soll, aber sie weiß das Wort nicht. Also kocht es fort, und der Brei steigt über den Rand hinaus und kocht immerzu, die Küche und das ganze Haus voll, und das zweite Haus und dann die Straße, als wollt's die ganze Welt satt machen, und ist die größte Not, und kein Mensch weiß sich da zu helfen. Endlich, wie nur noch ein einziges Haus übrig ist, da kommt das Kind heim und spricht nur: ‚Töpfchen, steh', da steht es und hört auf zu kochen; und wer wieder in die Stadt wollte, der mußte sich durchessen."

Hirse ist eines der ältesten Getreide und hat fast überall auf der Welt seine Spuren hinterlassen. Es gibt frühe Funde in Asien und in Ägypten aus der vordynastischen Zeit; in Europa aus der jüngeren Steinzeit, etwa in Skandinavien, Galizien, Jugoslawien, in Italien und in der Schweiz; die Gallier sollen fast ausschließlich Hirse angebaut haben. Der römische Geschichtsschreiber Plinius d. Ä. bezeichnet sie als Hauptfrucht der Germanen neben dem Hafer. Im Mittelalter war die Hirse in Deutschland, Rußland und Polen stark verbreitet; sie wurde durch Stampfen aus ihren Hüllen befreit, im Ofen getrocknet und dann zu Suppen und Brei verarbeitet.

Heute ist Hirse in Europa ganz von anderen Getreiden verdrängt und ihre Anbaugebiete liegen jetzt in den trockenen Gebieten Asiens, in einigen Teilen der ehemaligen Sowjetunion, in Afrika und in beiden Teilen des amerikanischen Kontinents.

In manchen Ländern Afrikas, auf dem Balkan und in Rußland bis hin zur Mongolei bereitet man Hirsebier. In der Walachei wird das säuerliche Getränk „Braga" genannt.

Das Hirsekorn ist das kleinste unter den Getreidekörnern. Die harte Schale muß immer entfernt werden und auch das geschälte Korn ist so hart, daß es nicht roh gegessen werden kann. Wie Hafer und Reis ist Hirse ein Rispengetreide. Eine spezielle Form des Fruchtstandes weist die Kolbenhirse auf, die als Vogelfutter bekannt ist.

Da die Hirse zahlreiche kräftige Wurzelhaare bildet, kann sie mit wenig Feuchtigkeit auskommen. In Asien wird sie daher auch jetzt noch in Gegenden angebaut, die für den Reis zu wenig Wasser bieten. Sie stellt keine besonderen Ansprüche, wächst allerdings am besten auf sandigem, mineralreichem Boden.

Hirse ist frostempfindlich und braucht viel Wärme für Wachstum und Reife. Es ist anzunehmen, daß sie in kühleren Gegenden Europas und anderer Kontinente vor allem in den Warmzeiten zwischen den Eiszeiten verbreitet war. Mit ihrer kurzen Vegetationszeit von etwa hundert Tagen genügen ihr drei sonnenreiche Sommermonate, sodaß sie auch in nördlichen Regionen gut gedeihen kann.

Hirse wird flach gesät. Sie ist daher ein charakteristisches Getreide für Nomadenstämme und für den frühen Ackerbau. Nach Einführung des Pfluges wurde die Hirse mehr und mehr abgelöst von Weizen und Roggen, die sich aufgrund ihres Gehalts an Klebereiweiß besonders gut zum Brotbacken eignen.

Bertolt Brecht besingt in seinem poetischen Bericht „Die Erziehung der Hirse" seine Zukunftsvision vom gerechten Sozialismus und preist den Nomaden Tschaganak Bersijew, der den Hirseanbau zu ungeahnter Blüte brachte:

1
Tschaganak Bersijew, der Nomade,
Sohn der freien Wüsteneien im Land Kasakstan,
In den Steppen am Fluß Uoil, wermutbewachsenen,
Ließ er nieder sich und baute Hirse an.

2
Hirse doch war die Nomadenähre,
Denn sie liebt die Felder jungfräulich und klein,
Scheut nicht Hitze und braucht wenig Saatgut –
Warum sollt es so nicht Hirse sein?

3
Freilich schrie sie ewiglich nach Jäten.
Ach, sie zwang das Volk auf seine Knie,
Bis es sie bespie und schrie: Wir werden dich zertreten!
Aber Tschaganak Bersijew war für sie.

23
Da sie aufgeht in durchwärmtem Boden,
Der in Handbreittiefe fünfzehn Grade mißt,
Daß sie also nicht gesät sein will nach dem Kalender,
Sondern, wenn der Boden fünfzehn Grad warm ist.
    Helft der Geduldigen!
    Helft der Bescheidenen!
 Helft der kräftigen
 Guten Nährerin!

24
Warum man das ganze Feld dem Unkraut lassen,
Doch es pflügen soll, vor man die Hirse sät:
Hirse schießt bei fünfzehn Grad empor in drei, vier Tagen,
Und das neue Unkraut kommt sodann zu spät.
     Helft der Geduldigen!
     Helft der Bescheidenen!
     Helft der kräftigen
     Guten Nährerin!

25
Wie man säen muß: in weit gesetzten Reihen;
Denn die Hirse steht nicht gerne dicht.
Mehr als dreimal soviel Ernte gibt sie,
Gibt man jedem Halm dreimal soviel an Licht.
     Zähmt eure Ungeduld!
     Ihr gebt, die geben soll!
     Euch hilft williger,
Die sich selber hilft!

Von der Hirse gibt es zahlreiche Formvarianten: von der nur dreißig Zentimeter hohen Bluthirse mit tiefroten Samen bis zur Zuckerhirse, die sieben Meter hoch werden kann, von der zarten Perlhirse bis zur Kolbenhirse mit ihren kompakten Fruchtständen.

Die Hirse aus dem Märchen mit dem „süßen Hirsenbrei" ist die sogenannte gemeine oder Rispenhirse. Auch hier gibt es viele Varianten, deren Farben von glänzend grau, schwarzgrau, weiß und braun bis zu goldgelb und rot spielen. Erntezeit ist ab August. Da die reifen Körner leicht aus den Rispen fallen, wird die Hirse oft schon kurz vor der Reife geerntet und in „Hocken" – ähnlich Strohmandln – in der Scheune zum Nachreifen aufgestellt.

Geschälte Speisehirse wird unter dem Namen Goldhirse verkauft. Sie muß vor der Zubereitung mit kochend heißem Wasser überbrüht werden und verliert dadurch den rauhen Geschmack. Sie wird dann sanft und fein. Mit Gemüsen kann die Hirse pikant kombiniert werden. Aufgrund ihres auffallend niedrigen Gehalts an Kalzium ergänzt man sie gerne mit Milchprodukten, was „märchenhafte" Süßspeisen ergibt.

Die Hirse ist trocken und warm: das harte Hirsekorn hat einen hohen Gehalt an Kieselsäure und übertrifft darin alle anderen Getreide. Wie ein kleiner runder Kieselstein sieht das Korn auch aus und beim Kochen bildet sich kein Schleim.

Heilkräfte der Hirse

Über die Ernährung aktiviert die Hirse den Kieselhaushalt im Organismus: heilsam wirkt sie auf rauhe Haut, brüchige Fingernägel und sprödes Haar. Auch auf die Sehkraft wirkt sich eine Hirsediät positiv aus. Ähnlich wie beim Hafer ist der Fluorgehalt hoch, sodaß beide Getreide wertvoll sind für die Vorbeugung gegen Karies – sicher unbedenklicher und sinnvoller als Fluorzugaben bei Lebensmitteln und Trinkwasser.

Hirse wärmt von innen her und aktiviert den trägen Stoffwechsel. Früher war diese Wirkung – wohl nur bei übermäßigem Hirsegenuß – sogar gefürchtet. „Möge die Hirse dir nicht das Fieber und die Hitze bringen", lautet der Segensspruch eines Abtes aus St. Gallen. Da von übermäßigem Hirsegenuß heutzutage keine Rede sein kann, könnte man sagen: „Möge die Hirse dir Wärme bringen!"

Bei Erkrankungen von Haut und Sinnesorganen und zur allgemeinen Erwärmung des Organismus wird die Einhaltung einer Hirsediät für längere Zeit empfohlen:

HIRSESUPPE
200 g Hirse, 40 g Butter, 1 Bund Suppengrün, 1 kleine Zwiebel, Petersilie und Salz.
Die Hirse mit kochendem Wasser überbrühen, mit allen Zutaten eine knappe Stunde in 3 l Wasser kochen und über den Tag verteilt trinken.

HIRSEDIÄT
Morgens ein Müsli mit Hirseflocken, Früchten, Nüssen und Honig.
Zu den Hauptmahlzeiten eine Rohkostplatte oder Gemüse mit pikant abgeschmeckter Hirse oder süßem Hirsebrei.

HIRSE ALS FRÜHJAHRSKUR
Hirseflocken mit verschiedenen Säften mischen, z. B. Schlehensaft, Sanddornsaft, Artischockensirup, Birkenelixier, Wildbeerensaft
oder auch mit Sauermilch oder Joghurt, Wildkräutern und Salz.

Mit Hirsespreu gefüllte Kissen bewahren Kranke vor dem Wundliegen.

Hirse in der Küche

HIRSERAHMSUPPE MIT PAPRIKA

80 g Hirsemehl
600 g rote Paprikaschoten
40 g Butter
2 Zwiebeln
1 TL süßer Paprika, 5 EL Tomatenmark
½ l Gemüsebrühe
⅛ l süßer Rahm
Salz, Pfeffer

In der zerlassenen Butter die fein gewürfelte Zwiebel andünsten, mit dem Hirsemehl überstäuben und leicht anschwitzen. Den Topf vom Herd ziehen, den Paprika dazugeben und die kalte Gemüsebrühe unter ständigem Rühren untermischen. Fünf Minuten sanft kochen lassen. Die geputzten Paprikaschoten sehr fein hacken oder im Mixer pürieren. Paprikamus und Tomatenmark unter die Suppe rühren und heiß werden lassen, ohne daß die Suppe wieder zum Kochen kommt. Mit Salz und Pfeffer abschmecken und den halbsteif geschlagenen Rahm vorsichtig unterziehen.

HIRSEMAKRONEN

100 g Hirseflocken
100 g gemahlene Mandeln
100 g Honig
100 g Topfen
Saft und Schale von einer halben Zitrone
50 g Buchweizenmehl

Zutaten vermengen und eine halbe Stunde rasten lasse. Kleine Häufchen auf Oblaten setzen und bei schwacher Hitze backen.

KÖRNIGE HIRSE

250 g Hirse
40 g Butter
Estragon, Salz

Die gewaschene Hirse mit kochendem Wasser überbrühen und dann in einem halben Liter Wasser fünfzehn Minuten kochen. Mit Salz und Estragon abschmecken und die Butter unterrühren. Bei aufgelegtem Deckel vierzig Minuten ausquellen lassen, dann mit einer Gabel auflockern.

HIRSESTERZ

Körnige Hirse (Rezept siehe oben)
2 große Zwiebeln
2 EL Butter

Die in Scheiben geschnittenen Zwiebeln in Butter goldgelb anbraten. Mit einem in heißes Fett getauchten Eßlöffel große Nocken von der Hirsemasse abstechen und mit den gebratenen Zwiebelringen servieren.

SÜSSER HIRSEBREI

500 g Hirse
100 g gewaschene Rosinen
100 g geriebene Mandeln oder Nüsse
1 Stange Vanille
2 EL Honig
½ l Rahm

Die gewaschene Hirse überbrühen und gut ausquellen lassen. Mit den übrigen Zutaten vermengen und an einem warmen Ort weiterquellen lassen. Mit Kompott oder frischen Früchten servieren.

HIRSEAUFLAUF MIT ÄPFELN

150 g Hirse
1 l Milch
750 g geraspelte Äpfel
200 g Zucker
2 Eier
geriebene Schale von einer Zitrone

Die gewaschene Hirse wird mit kochendem Wasser überbrüht und anschließend in die kochende Milch eingerührt. Zwanzig bis dreißig Minuten kochen lassen. Die geraspelten Äpfel läßt man mit dem Zucker gemischt eine halbe Stunde stehen und mengt sie dann unter die etwas abgekühlte Hirse. Die Eigelb und die Zitronenschale hinzufügen und zuletzt die geschlagenen Eiweiß unterheben. In einer gefetteten Auflaufform bei mittlerer Hitze eine gute halbe Stunde backen.

Mais

Korn der neuen Welt

Der Mais ist das Getreide der indianischen Völker Amerikas. Kolumbus schickte einige der goldenen Kolben in sein Heimatland Spanien und brachte damit ein neues Getreide in die alte Welt. Von dort aus trat das „Türkische Korn" seinen Zug an, über Italien bis in die Türkei, um dann über den Balkan als „Kukuruz" nach Mitteleuropa zu gelangen.

Mais ist die wichtigste Futterpflanze der Welt. Gemeinsam mit Reis und Weizen ist er aber auch Grundnahrungsmittel für einen beträchtlichen Teil der Menschheit.

Am besten gedeiht er in seiner Heimat Amerika, in den warmen, aber niederschlagsreichen Gebieten des „Maisgürtels" Nordamerikas. Gutes Maisklima gibt es auch in der ungarischen Tiefebene, wo die langen, warmen Sommer und die milden Lehm- und Lößlehmböden den Bedürfnissen der Pflanze entgegenkommen. Da die Temperatur zum Keimen neun bis zehn Grad Celsius betragen muß und die jungen Pflänzchen äußerst frostempfindlich sind, kann Mais erst im Mai angebaut werden. In Ungarn zum Beispiel können dann frühe Sorten schon im Hochsommer geerntet werden. In den Alpenländern und in Süddeutschland, wo für die Fütterung der Rinder viel Mais angebaut wird, ist erst ab Mitte September Erntezeit.

Der massige Wuchs und die großen Kolben der saftigen Pflanzen lassen den Mais nicht auf den ersten Blick als Getreide erscheinen. Aufgrund einiger Merkmale wird er aber doch der Familie der Gräser und hier wieder dem Kreis der Getreide zugeordnet.

An der Spitze der Pflanze bilden die männlichen Ähren einen lockeren Blütenstand. Eine einzige dieser Rispen kann dreißig Millionen Pollen erzeugen, die der Wind über das Feld verweht. Die weiblichen Ähren bilden nach der Befruchtung die Maiskolben, bleiben aber umhüllt von den „Lieschen", den in mehreren Schichten am Kolben fest anliegenden Hüllblättern. Durch die leicht geöffnete Spitze der Hülle wachsen viele Fäden, Maisbart oder Quasten genannt, heraus.

„Das Absonderliche der Maispflanze besteht darin, daß sie durchaus genügende, ja überreichliche Mengen an Samen produziert, aber nicht imstande ist, sie weit genug zu verteilen. Überläßt man ein Feld sich selber, fallen die überreifen Körner so zahlreich und dicht zur Erde, daß sich die Neupflanzen gegenseitig ersticken – also muß der Mais stets neu von Menschenhand ausgesät werden." (Ceram, Der erste Amerikaner)

Lange Zeit erschien die Herkunft der Pflanze rätselhaft. Da sie als einzige Getreideart gänzlich abhängig ist von Betreuung und Zucht durch den Menschen, mußte es eine Wildpflanze als Vorfahre geben. Die Suche nach einer solchen Urform des Mais blieb aber lange vergeblich. Erst Anfang der sechziger Jahre wurden Reste von wildem Mais gefunden und zwar in fünf Höhlen im Tehuacán-Tal im südlichen Mexico. Die Funde sind bis zu fünftausend Jahre alt.

Sieben Getreideporträts

„Spätere Reste umfassen kultivierten Mais und geben eine deutliche Entwicklungsreihe wieder, die am Ende verschiedene, noch heute existierende mexikanische (Mais-)Sorten hervorbrachte. Trotz einer auffallenden Zunahme an Größe und Ertragsfähigkeit durch die Domestikation, welche dazu beitrug, Mais zum Grundnahrungsmittel der präkolumbischen Kulturen und Zivilisationen in Amerika zu machen, hat es in 7000 Jahren keine grundlegende Veränderung in den wesentlichen botanischen Merkmalen der Maispflanze gegeben."

Heute nimmt man an, daß es noch weitere Zentren der Maisentwicklung gegeben hat. Darunter eines in Peru. Von nordamerikanischen Indianern übernommen, breitete sich der Mais bis zu den großen Seen aus; weiter nördlich war das Klima zu rauh. In der „Korbflechter-Periode II" um 100 v. Chr. lebten im südlichen Nordamerika Indianer, die in Erdgrubenhäusern wohnten und Mais und Kürbis pflanzten.

Eine Blüte der Maiskultur ist um 1000 n. Chr. mit der Geschichte des „Black Sand" verbunden. Nach dem Ausbruch eines Vulkans, des „Sunset Crater", waren 800 Quadratmeilen Land von schwarzer Asche bedeckt. Der Boden war fruchtbarer als je zuvor, viele Menschen wanderten in das Gebiet ein, und es entwickelten sich zahlreiche neue Technologien und eine neue Kultur. Innerhalb von drei Jahrhunderten wurde der schwarze Sand wieder vom Wind verweht, der Mais wuchs spärlicher und viele Menschen mußten das Land wieder verlassen.

Als die europäischen Pilgerväter im Jahre 1620 im Bereich des heutigen Massachusetts landeten, wurden sie vom Mais vor dem drohenden Hungertod gerettet: sie ernährten sich von Vorräten, die von Indianern versteckt worden waren.

Die Maiskultur ist eng mit der Entwicklung der indianischen Hochkulturen und deren religiösen Vorstellungen verbunden. So gab es etwa bei den Azteken eine Maisgöttin, dargestellt als junge Frau mit großen Augen, in anmutiger Haltung auf ihren Fersen sitzend, die ausgestreckten Hände auf den Oberschenkeln ruhend.

Ein indianisches Märchen erzählt, wie der Mais zu den Menschen kam:

„Vor langer Zeit, als die Indianer gerade geschaffen worden waren, lebte einer von ihnen allein weit fort von den anderen. Er wußte noch nichts vom Feuer und ernährte sich von Baumwurzeln, Rinde und Nüssen. Der Indianer war sehr einsam. Er wurde es leid, immer Wurzeln zu graben, er mochte nichts mehr essen und mehrere Tage lag er träumend in der Sonne. Als er träumend erwachte, sah er etwas nahe bei sich stehen, das ihn zuerst sehr erschrecken ließ. Aber als es sprach, wurde sein Herz froh, denn es war eine schöne Frau mit langem, hellen Haar. Sie sah ganz anders aus als die Indianerfrauen. Er bat sie, sich zu ihm zu legen und mit ihm zu schlafen; sie schüttelte den Kopf. Er wollte sich ihr nähern. Sie schien immer weiter von ihm fortzuschweben. Er sang ihr von seiner Einsamkeit und flehte sie an, ihn nicht zu verlassen. Sie sprach: ‚Wenn du nur tust, was ich dir sage, wirst du mich immer bei dir haben.'

Er versprach es. Da führte sie ihn zu einer Stelle, wo ganz dürres Gras wuchs. Dann befahl sie ihm, zwei Stöcke zu nehmen, sie rasch aneinander zu reiben und gegen das Gras zu halten. Bald sprang ein Funken heraus, das Gras fing Feuer und brannte.

Nun sagte sie: ‚Wenn die Sonne sinkt, dann pack mich beim Haar und schleif mich über das verbrannte Grasland. Zuvor aber sollst du mich lieben.'

Er liebte sie, und es war gut, aber als die Sonne versank, scheute er davor zurück, sie an den Haaren über das abgebrannte Gras zu schleifen. Doch als sie ihn abermals dazu aufforderte, gehorchte er schließlich. Plötzlich war sie verschwunden. Aber am nächsten Morgen sproß eine unbekannte Pflanze aus dem Boden hervor, und als sie größer wurde, sah der Mann an ihren Stengeln das weiche, helle Haar der Frau flattern, die er geliebt hatte. So kam der Mais in die Welt. Er gibt allen Menschen Nahrung und erinnert an die Liebe des einsamen Mannes."

Mais kann äußerst vielseitig verwendet werden. Als Futter für Rinder wird er lange vor der Reifezeit, in der sogenannten „Teigreife" geerntet – daher ist der Anbau auch in kühlen Regionen möglich. Klein gehäckselt wird er siliert, d. h. durch eine Art Milchsäurevergärung – ähnlich wie Sauerkraut – haltbar gemacht. Diese Silage ist eine kohlehydratreiche Ergänzung zum eiweißreichen Grasfutter.

In der „Milchreife", solange die Körner hellgelb sind und noch etwas Flüssigkeit enthalten, werden die Kolben geerntet, um sie gekocht oder gegrillt zu genießen. Dafür wird auch der sogenannte Zuckermais eigens angebaut.

„Es ist ein reines Vergnügen, die reifen Maiskolben mit der Hand zu pflücken. Mit seinen Helfern wandert man in einer Linie die Reihen entlang, pflückt rechts und links die Kolben und steckt sie in einen um die Schulter gehängten Sack. Dann tritt man die Pflanze mit dem Fuß um, damit man sieht, wo man schon gewesen ist. Hat man Hunger, wird ein Feuer aus Maisstroh oder Zweigen entfacht und einige Kolben hineingeworfen, ohne daß man vorher die

Heilkräfte im Mais

Der Maisbart, auch Maisgriffel genannt, wird vor der Befruchtung abgeschnitten und rasch im Schatten getrocknet. Er wirkt harntreibend und entschlackend, daher unterstützt er beim Abnehmen. Bei Nierenerkrankungen, Blasenkatarrh, Gicht und Rheuma wird er ebenso eingesetzt wie bei Bettnässen.

MAISBARTTEE
1 gehäufter Teelöffel Maisbart wird mit einem Viertelliter abgekochtem, heißem Wasser überbrüht; kurz ziehen lassen, nicht süßen. Alle zwei bis drei Stunden nimmt man einen Eßlöffel von diesem Tee.

MAISBREIUMSCHLAG
Maiskörner einige Stunden in Gerstenwasser weichen lassen, einmal ganz kurz aufkochen, zu einem Brei zerstampfen und die Masse so warm wie verträglich auf die Blasengegend aufstreichen. Nimmt Blasenschmerzen und hilft gegen Bettnässen.

Hüllblätter entfernt. Sind diese verbrannt und die Körner leicht geschwärzt, ist das Vesper fertig." (Seymour, Das Buch vom Leben auf dem Lande)

In der „Totreife" werden die Hüllblätter gelb und springen auf. Die Kolben neigen sich an der Pflanze nach unten, die Körner werden hart und glasig und nehmen ihre endgültige Farbe an. Meist sind sie goldgelb; es gibt aber auch braunrote, dunkelrote, blaue, violette und schwarze Sorten und sogar einen vielfarbig gesprenkelten „Indianermais". Die Körner, gequetscht, geschrotet oder zu Mehl vermahlen, sind Ausgangsprodukt für zahlreiche Gerichte in vielen Ländern der Welt.

Ausgehend von den Vereinigten Staaten wird Mais hauptsächlich industriell verarbeitet. Dosenmais oder Corn Flakes sind auch in Europa weit verbreitet. In Mexico und anderen Ländern Mittel- und Südamerikas ißt man Maisbrei, Tortillas, Enchiladas, Tostados und Tacos. Kombiniert mit Bohnen und manchmal auch mit Fleisch bilden diese Gerichte den Grundstock der Ernährung. Mais und Bohnen gemeinsam sind übrigens vom ernährungswissenschaftlichen Standpunkt eine äußerst sinnvolle Kombination.

In Norditalien ist die Polenta, in Rumänien die Mamaliga und auf dem Balkan der Kukuruz zu Hause. In West- und Südafrika hat der Mais die traditionell angebaute Hirse vielerorts verdrängt und ist neben dem Reis zum Volksnahrungsmittel geworden. Maisbrei, Maisbrot und Maisbier sind hier zu finden.

Reichtum an Stärke und Zucker kennzeichnen den Mais. Maismehl ist als Maizena, reine Maisstärke als Mondamin bekannt. Den hohen Zuckergehalt macht man sich bei der Erzeugung von Traubenzucker – der eben keineswegs von der Traube, sondern vom Mais stammt – zunutze. Aus den Keimlingen der Maiskörner wird das Maiskeimöl gewonnen, mit hohem Anteil an mehrfach ungesättigten Fettsäuren.

Da der Stoffwechsel in der Muskulatur auf dem Umsatz von Zucker und Stärke beruht, ist es verständlich, daß etwa die Indios in den Anden, die sich vorwiegend von Mais ernähren, zu großen körperlichen Leistungen fähig sind. Im Mais wurden auch Spuren von Acetylsalicilsäure gefunden – dem Wirkstoff des Aspirin, des bekanntesten Schmerzmittels der Welt. – „Der Indianer kennt keinen Schmerz."

Aus den Lieschen, den getrockneten Hüllblättern der Maiskolben, wird Zigarettenpapier hergestellt. In holzarmen Gegenden werden getrocknete Maiskolben als Heizmaterial verwendet, sie haben einen Heizwert wie hartes Holz.

Mais in der Küche

POLENTA

250 g Maisgrieß
50 g Butter
1 TL Salz

Den Maisgrieß in einen Liter Wasser einrühren, zwanzig Minuten auf kleiner Flamme kochen und danach zehn Minuten nachquellen lassen. Mit der Butter verfeinern und mit Salz abschmecken.
Die Polenta schmeckt sehr gut mit geriebenem Käse überstreut.

KAROTTENTARTE

250 g Maisgrieß
$1/2$ kg junge Karotten
$1/4$ l Milch
100 g fetter Sauerrahm
150 g geriebener Bergkäse
$1/2$ l Gemüsebrühe
25 g Butter
1 Knoblauchzehe
Salz, Pfeffer

Die ganzen Karotten in der Butter dünsten, salzen und pfeffern. Ein wenig Gemüsebrühe und die feingeschnittene Knoblauchzehe dazugeben, zehn Minuten weiterdünsten lassen. Die Karotten aus dem Topf nehmen und die ganze Gemüsebrühe mit der Milch zum Kochen bringen. Den Maisgrieß in die Flüssigkeit geben und unter Rühren fünf Minuten einkochen lassen. Eine Viertelstunde nachquellen lassen.
Rahm unter die Polenta ziehen, mit Salz und Pfeffer würzen, die Masse gleichmäßig in eine gefettete Form geben. Die Karotten sternförmig auf der Polenta verteilen, mit Käse bestreuen und bei guter Hitze eine Viertelstunde überbacken.

MAISNOCKERL IM GEMÜSETOPF

150 g Maisgrieß
$1/2$ l Milch
2 TL Parmesan
2 EL Kräuterfrischkäse
400 g gemischtes Gemüse (grüne Bohnen, Karotten, Erbsen, Tomaten, Lauch)
250 g Kartoffeln
1 Bund Thymian
1 Bund Petersilie
2 EL Butter
$1/2$ l Gemüsebrühe

Den Maisgrieß mit der Milch zum Kochen bringen und zehn Minuten unter gelegentlichem Rühren garen. Mit Parmesan und Frischkäse vermischen und mit Salz abschmecken.
Die Butter erhitzen, das zerkleinerte Gemüse und die in Würfel geschnittenen Kartoffeln kurz darin andünsten und mit Gemüsebrühe auffüllen. Alles bei sanfter Hitze fünfzehn Minuten garen lassen. Aus der abgekühlten Maisgrießmasse mit zwei Teelöffeln Nockerln abstechen und einige Minuten im Gemüsetopf ziehen lassen.

POLENTAPIZZA

Polenta nach Rezept wie oben
$1/2$ kg reife Tomaten
200 g Mozarella
100 g grob geriebener Hartkäse
100 g schwarze Oliven

Die Polenta auf das gefettete Backblech streichen. Mit den in dünne Scheiben geschnittenen Tomaten belegen und leicht salzen. Dann die Mozarellascheiben, die Oliven und den geriebenen Käse verteilen.
Bei 200 Grad eine halbe Stunde backen.

POLENTA-PILZ-SCHNITTEN

250 g Maisgrieß
¾ l Gemüsebrühe
50 g Butter
500 g Champignons
1 Zwiebel
Salz, Pfeffer, Muskatnuß
2 EL gehackte Petersilie
Kokosfett zum Ausbacken

Die Polenta mit der Gemüsebrühe und der Hälfte Butter unter Rühren zum Kochen bringen, bei milder Hitze 15 Minuten ausquellen. Die Pilze waschen, schneiden und mit den geschnittenen Zwiebeln kurz andünsten, würzen. Pilze und Petersilie unter die Polenta ziehen. Dann die Polenta zwei Zentimeter dick auf ein Backblech streichen und erkalten lassen. In etwa 3 x 8 Zentimeter breite Streifen schneiden und in heißem Kokosfett knusprig ausbraten.

TORTILLAS (MAISFLADEN)

150 g feines Maismehl
50 g Buchweizenmehl
60 ml Mineralwasser

Zutaten vermischen, ca. drei Stunden quellen lassen, dünne, kleine Fladen backen (größere Fladen brechen leicht).
Beliebig mit Gemüse (Bohnen, Avocados, Pfefferoni, Tomaten, Salatblätter) oder mit Chili con carne füllen.

GRÜNES MAISBROT (AUS AFRIKA)

6 Schalen gekochte Maiskörner
Salz
4 TL Backpulver
2 EL Maisöl
Zucker nach Geschmack

Die Maiskörner werden in der Küchenmaschine püriert und in einer Schüssel mit den anderen Zutaten gut vermischt. In einer großen, eingefetteten Form bei 200 Grad 30–35 Minuten lang backen. Zehn Minuten auskühlen, bevor es aus der Form gestürzt wird. Der Teig kann auch in einer Puddingschüssel über Dampf zubereitet oder in Bananenblätter eingewickelt gedämpft werden.

MUFFINS FÜR SINGLES

125 g Maismehl
1 TL Zucker
½ TL Backpulver
1 Ei
50 g Topfen mittelfett
75 ml Milch
2 EL Öl

Die Zutaten zu einem Teig rühren und in sechs Papierförmchen füllen, bei 200 Grad fünfundzwanzig Minuten backen. Man kann auch Rosinen und Mandelblättchen oder – ganz klassisch – 50 g Blaubeeren unter den Teig mischen.

SÜSSE POLENTA AUS LATIUM

½ kg feines Maismehl
½ kg Ricotta
225 g Zucker
60 g Rosinen
60 g Pignoli
40 g Butter
6 EL warmes Wasser
Zimt
1 Messerspitze Salz

In einer großen Schüssel wird der Ricotta mit dem Wasser gemischt. Dann wird der Zucker hinzugefügt und nach und nach das Maismehl. Die vorher in lauwarmem Wasser eingeweichten Rosinen, das Zimt und das Salz werden beigegeben und in eine Tortenform gefüllt. Mit den Pignoli und Butterflöckchen bedeckt bei 150 Grad fünfzig Minuten lang backen.

Gerste
Getreide der Vielfalt

Kein Getreide ist anpassungsfähiger als die Gerste. Sie wächst in tropischen Gebieten, auf der arabischen Halbinsel und im Hochland Äthiopiens ebenso wie in Norwegen bis zum siebzigsten Breitengrad. In den Alpen gedeiht sie bis 1900, im tibetischen Himalaya bis 4600 Meter; sie liebt gebirgige Höhen und ist im Kaukasus wie im Hindukusch anzutreffen. Da die Gerste in unterschiedlichsten Landschaften und unter fast allen klimatischen Bedingungen wächst, ist ihr Formenreichtum einzigartig.

Der russische Forscher Vavilov, der für die Geschichte des Getreides die These von den „Zentren der Vielfalt" aufgestellt hat, beschreibt drei Gebiete, wo sich der Formenreichtum der Gerste ursprünglich entfalten konnte:
– das Hochland von Äthiopien und Eritrea
– Ostasien, speziell die Hochgebirge Chinas und Osttibets und den östlichen Teil des Himalaya
– Vorderasien, nämlich Ostanatolien, Armenien und Westpersien

Die Fähigkeit der Gerste, auch in höchsten Lagen zu reifen, hat ihre Entsprechung in der Ausbildung der charakteristischen Grannen. Wie zarte Antennen strecken sie sich dem Licht entgegen.

Die Gestalt der Gerstenähre wird durch die Gliederung der Ährchen bestimmt. Entsprechend ihrer Anordnung unterscheidet man zwei-, vier- und sechszeilige Gerste mit einer Fülle von Unterarten, die sich im Gegensatz zum Weizen durch Jahrhunderte hindurch weitgehend konstant erhalten haben.

Schon Homer erzählt uns von der besonderen Rolle der Gerste im alten Griechenland. Im zwanzigsten Gesang der Odyssee heißt es:

„Also flehte er betend, und Zeus, der Berater, vernahm ihn.
Und er sandte sofort einen Donner vom lichten Olympos
Hoch aus den Wolken herab zur Freude des hehren Odysseus.
Aus dem Haus aber ließ eine mahlende Magd sich verlauten
Nahbei, wo sich die Mühlen des Völkerhirten befanden;
An den Mühlen mühten sich ab zwölf Frauen im Ganzen,
Gersten- und Weizenmehl, das Mark der Männer zu mahlen."

Auch in der Ilias ist von heiliger Gerste die Rede. Rituelle Opferhandlungen wurden durch Schütteln der Gerste eingeleitet:

„…Und nachdem sie gefleht und heilige Gerste geschüttelt…"

Im Zelt des Nestor wird ein Gelage beschrieben mit folgenden Zutaten: Zwiebeln, gelblicher Honig, Wein und Ziegenkäse, Mehl von heiliger Gerste.
Und an anderer Stelle:

„…Alle umstanden den Stier und nahmen sich heilige Gerste …"

Der Geschmack der Gerste ist weniger sanft als der des Weizens und war daher nicht überall beliebt. Beim römischen Schriftsteller Livius können wir lesen:

Kohorten der römischen Streitkräfte wurden für Feigheit in der Schlacht mit dem Entzug der Weizenration bestraft und bekamen dann nur Gerste.

Mit dem Mark der Männer wird die kräftigende Wirkung der Gerste angesprochen. Die Gladiatoren im alten Rom erhielten vorwiegend Gerste und wurden daher „horearii", Gerstenmänner, genannt. Den Griechen ging es aber nicht nur um körperliche und seelische Stärke in kriegerischen Handlungen, sondern auch um Aktivität im Denken.

Die griechischen Philosophenschulen legten großen Wert auf die Einhaltung von Ernährungsvorschriften: Platon bezeichnet im „idealen Staat" Gerste und Weizen als die wichtigsten Nahrungsmittel. In der Schule des Pythagoras wurden unter Aufbietung größter Konzentration und Wachheit des Verstandes mathematische Lehrsätze entwickelt, die heute noch gültig sind. Eiweißhaltige Nahrungsmittel wie Fleisch und Hülsenfrüchte sowie Alkohol waren verboten; Gerste war das Grundnahrungsmittel.

Im Alten Testament wird Gerstenmehl in Zusammenhang mit rituellen Handlungen erwähnt: im fünften Buch Mose, 5,15 heißt es zum Eifersuchtsordal: „In einem solchen Fall soll der Mann seine Frau zum Priester bringen und soll zugleich die für sie vorgesehene Opfergabe mitbringen: ein zehntel Efa Gerstenmehl. Er darf kein Öl darauf gießen und keinen Weihrauch darauf streuen; denn es ist ein Eifersuchtsopfer, ein Opfer zur Ermittlung der Schuld."

Der Geschichtsschreiber Hesiod berichtet uns, daß bei Ägyptern, Sumerern, Babyloniern und Israeliten Gerste als Viehfutter verbreitet war.

Bei vielen indoeuropäischen Völkern, etwa Indern, Armeniern, Griechen und Römern war das Gerstenkorn kleinstes Gewichts- und Längenmaß.

Die Gerste hat eine kurze Vegetationszeit und einen geringen Bedarf an Feuchtigkeit, was sie für den Anbau sowohl in Gebirgslagen als auch in nördlichen Gegenden geeignet macht.

Im Himalaya gibt es eine Gerste, die in sechzig Tagen heranreift. Die Felder sind in Terrassen angelegt, um die Erosion des sandigen, mit viel Geduld fruchtbar gemachten Bodens zu vermindern. Diese Form der Kultivierung ermöglicht es der Gerste, bis in eine Höhe von 4000 Metern zu wachsen, wenn auch die Ernte bestenfalls das doppelte der Aussaat erbringt.

Mit Beginn der Feldarbeit Ende Mai wird die Gerste ausgebracht. Dreimal werden die Felder gewässert und gejätet. Im September wird mit der Sichel oder auch nur mit der Hand geerntet. Unter endlosem Singsang wird das Vieh zum Dreschen angetrieben, danach wird das Stroh mit Holzgabeln weggeschafft und man pfeift, um den helfenden Wind herbeizurufen: er trennt die Spreu vom Korn.

Die allgegenwärtige „tsampa", ein Mehlbrei von Gerste, deren Körner vor dem Mahlen geröstet wurden, bestimmt den winterlichen Speisezettel; Reis gibt es nur bei Festen.

Neben dem Tee mit ranziger Butter gibt es auch Gerstenbier, das von den Frauen zubereitet und lauwarm getrunken wird.

Auch im feuchten Hügelland der Britischen Inseln fühlt sich die Gerste wohl. Eine alte Bauernregel lautet: Säe Weizen ins Nasse und Gerste bei Nebel.

Aus England stammt folgende Geschichte:

„Mein Nachbar erzählte, daß die Knechte zu seinem Vater kamen und sagten: ‚Herr, wir müssen die Gerste säen, der Bauer drüben über dem Tal sät bereits.' ‚Könnt ihr mir sagen, welches Pferd er eingespannt hat?', fragte der alte Mann, der nicht mehr sehr gut sehen konnte. ‚Den Rotschimmel und den grauen Wallach', antworteten die Knechte. ‚Dann wird die Gerste noch nicht gesät', bestimmte der alte Mann. Nach einigen Tagen wiederholte sich das gleiche, und als der alte Mann wieder fragte, antworteten die Knechte: ‚Vor lauter Nebel können wir sie nicht erkennen.' ‚Dann sät jetzt die Gerste aus!'

Gerste kann ab März ausgesät werden, sofern der Boden warm ist. Roggen und Gerste brauchen – anders als der Weizen – ein fein vorbereitetes Saatbett; der Weizen jedoch braucht besseren Boden. Gerste, deren Malz zum Bierbrauen verwendet wird, stellt allerdings höhere Ansprüche.

Da die Gerste bei früher Aussaat auch früh geerntet werden kann – ab Anfang Juli –, fügt sie sich gut in die Fruchtfolge ein. Es bleibt genügend Zeit für die Vorbereitung des Ackers und für die Herbstaussaat.

Zum Erntezeitpunkt hängen die Ähren herab, das Stroh ist dürr, die Schale zeigt ein fahles Gelb und die harten Körner lösen sich leicht. Die Form der Ähren wirkt erstarrt, fast mineralisch. Nach der alten Methode wird die Gerste wie Heu geerntet. Sie wird nicht in Garben gebunden, sondern in lockeren Schwaden auf dem Boden getrocknet und immer wieder gewendet. Mit der Gabel wirft man sie dann in die Dreschmaschine. Werden die Halme in Garben gebunden, bleiben sie eine Woche lang in Hocken auf dem Feld stehen.

Bei der Ernte mit dem Mähdrescher muß die Gerste schon in der „Totreife" sein. Gerste ist ein weit verbreitetes Futtermittel, speziell in der Schweinefütterung ist sie unentbehrlich. Bei Kühen erhöht die Fütterung mit angekeimtem Gerstenkorn die Milchbildung.

Für die menschliche Ernährung sind drei Eigenschaften des Gerstenkorns wesentlich: die Malzbildung, der hohe Gehalt an Kiesel und die Schleimbildung beim Kochen.

ZUR GERSTENERNTE

„Wenn ihr in ein Land kommt, das ich euch gebe, und wenn ihr dort die Ernte einbringt, sollt ihr dem Priester die erste Garbe eurer Ernte bringen. Er soll sie vor dem Herrn hin und her schwingen und so darbringen, damit ihr Annahme findet."

Levitikus, 23, 10–11

„Wenn ihr die Ernte eures Landes einbringt, sollst du dein Feld nicht bis zum äußersten Rand abernten und keine Nachlese deiner Ernte halten. Du sollst das dem Armen und dem Fremden überlassen."

Levitikus, 23, 22

Der hohe Anteil an Stärke zeichnet die Gerste vor allen Getreiden aus. Der Kern des Korns, der Mehlkörper, besteht im Wesentlichen aus Kohlehydraten. Im Gegensatz zum Weizen enthält er aber auch Mineralien und Spurenelemente. Bei der Keimung wird diese Stärke in Zucker verwandelt und führt zu der für die Gerste charakteristischen Malzbildung. Im Vorgang des Keimens vollzieht sich eine Änderung des Stoffwechsels: es bilden sich Enzyme, die die Umwandlung der Stärke in das süße Malz bewirken.

Diesen Prozeß macht man sich in der Bierbrauerei zunutze, für die heute ein großer Teil der Gerste angebaut wird. Damit die Keimung beim Vermälzen gut vonstatten geht, muß das Korn voll und bauchig sein, weil nur dann diese spezielle Konzentration an Kohlehydraten vorhanden ist. Es hat sich herausgestellt, daß der beste Zeitpunkt für das Malzen im Frühjahr nach der Ernte liegt. Gerste ist das Biergetreide par excellence, obwohl in ihren angestammten Anbaugebieten auch Hirse, Reis oder Mais zum Bierbrauen verwendet werden. Grundsätzlich kann aus jedem stärkehaltigen Getreide Bier gebraut werden. In letzter Zeit allerdings wird aus wirtschaftlichen Gründen von den großen Brauereien immer mehr Reis verwendet. Auch ohne Keimung und Malzbildung kann man Bier aus vergorenem Getreide herstellen. Wenn allerdings das Getreide vorher gekeimt und ein Malzprozeß stattgefunden hat, ist das Bier gehaltvoller und die berauschende Wirkung stärker. Bier aus gemalzter Gerste kannten schon Ägypter und Sumerer.

Bei der traditionellen Bierherstellung wird die Gerste zunächst eingeweicht, bis die Keimsprossen gut erkennbar sind. Dann werden die Körner zum Trocknen ausgebreitet. Das so entstandene „Grünmalz" wird auf der „Darre" geröstet. Um helles Bier herzustellen, sind Temperaturen von etwa 50 Grad nötig, dunkles Bier entsteht bei etwa 60 Grad. Für die sehr dunklen englischen Biere muß die Dauer des Darrens verlängert werden, keinesfalls darf die Temperatur dabei 60 Grad überschreiten.

Das so entstandene Malz wird dann im Maischeprozeß in Wasser vergoren. Für die Bierbereitung ist auch Hopfen nötig: die Blüte des Hopfens enthält bittersüß duftenden Staub, dessen herbe Geschmacksstoffe der süßen Maische die rechte Würze geben. Die Alkoholbildung wird durch die Zugabe von Hefe in Gang gebracht, danach wird das Bier abgezogen und in Fässer gefüllt.

Das Gerstenmalz bildet auch die Grundlage für zahlreiche andere Getränke und Lebensmittel.

Im nichtalkoholischen, süßen Nährbier wirkt das Malz beruhigend und stärkend.

„Biomalz" ist vielen noch als Stärkungsmittel für Kinder ein Begriff und wegen seines köstlichen Geschmacks in bester Erinnerung.

Malzkaffee, früher als „Ersatzkaffee" bezeichnet, ist als gesundes, sättigendes Getränk wieder sehr beliebt. Inzwischen ist er hauptsächlich in löslicher Form und auch in Mischungen mit Bohnenkaffee erhältlich.

Malzbonbons versüßen uns so manche Stunde.

Die englische Bezeichnung für Gerste ist „barley". Anfang der siebziger Jahre schrieb die Popgruppe Traffic einen Song zu Ehren des berühmten englischen „Malt"-Whiskey mit dem Titel: „John Barleywater".

Neben der Malzbildung ist auch der hohe Gehalt an Kieselsäure – ähnlich wie bei der Hirse – für die Gerste charakteristisch. Dadurch wirkt die Gerste kräftigend auf Bindegewebe, Bänder und Bandscheiben. Auch auf die Sinnesorgane, die sich im Verlauf der Embryonalentwicklung aus dem Hautgewebe heraus differenzieren, hat die Gerste einen stärkenden Einfluß. Da die Sinnesorgane entscheidend für die Wahrnehmung sind, kann so auch die anregende Wirkung auf die Gehirnprozesse und das Denken verstanden werden.

Das geschälte, ganze Korn der Gerste ist als Graupen bekannt. Gerstenschrot, Gerstenflocken und das Mehl ergänzen das Angebot. Eine besondere Zubereitungsform der Gerste ist als Thermogetreide im Handel: durch leichtes Anfeuchten der Körner und einen schonenden Dörrprozeß wird das Getreide leichter bekömmlich und ist zudem lange haltbar. Auch andere Getreide werden in dieser Form angeboten. Gerste ist neben Weizen, Roggen und Hafer auch einer der Bestandteile des Vierkornbrotes.

Heilkräfte in der Gerste

KIESEL	ZUCKER
Grannen, Randschichten	Stärkekörper, Malz
Nervensystem	Blut
Gestaltung	Bewegung
Haut, Stützgewebe	Muskulatur
Sinneswahrnehmung, Gehirntätigkeit	Stoffwechseltätigkeit
Denken	Wollen
Licht	Wärme

Beim Kochen entwickelt sich der heilsame Gerstenschleim. Schon Hippokrates verwendete ihn in Form der „Ptisane" oder „Gerstenptisane". Auch in der Heilmittellehre der Hildegard von Bingen wird er erwähnt. Der Gerstenschleim wirkt beruhigend bei akuten Reizungen von Magen und Darm und soll noch besser wirken als der bekanntere Haferschleim. Der Kieselgehalt wirkt zusätzlich heilend bei Schleimhautdefekten, sodaß auch bei schweren Entzündungen Erfolge erzielt werden können. Zudem bewirkt er eine Umstimmung der Darmflora. Handelt es sich um Verdauungsschwäche, können dem Gerstenschleim Kräuter und Säfte beigefügt werden, dient er der Kräftigung, gibt man ihn mit Milch und Rahm; der Schleim macht alle Nahrungsmittel verträglicher.

Der Heilkundige Lonicerus schreibt 1544 in einem Arzneibuch:

„Gerst ist zur speiss und tranck ein gesunde kräftige Frucht / wächst gleich dem Spelz / hat scharpffe gran / und bleychgeel farb. Gerst ist kalt und trucken in andern grad. Wird zu viel sachen genützt / sonderlich zu denen so kälten. Man macht daraus polentam also: Nimm Gerst und zermale die / doch nicht zu klein / also zermalen seuds in wasser.

Diss gesotten Wasser dienet wol denen so das kaltwee haben / man soll es allzeit law oder warm / und nicht kalt / gebrauchen. Gersten mit Fenchel gesotten / davon getruncken / bringet den weibern die versigene milch wider. Gerstenkörner gesotten in Wasser / biss das wasser ein wenig rotlechte farb gewünnet / diss ist gut getruncken so grosse hitz haben / dann

Heilkräfte in der Gerste

es verzeret die unnatürliche hitz. Gerstenwasser treibt hitz auss / so von heysser feuchtung kompt.

Einn brei vonn Gerstenmehl gemacht / mit eim wenig Zucker und klein Roseinlin vermischet / ist gut fürs feber und hitz der leber. Gerstenkrautwasser ist gut inn die augen gethan / für die bösten bresten der augen / denn es macht sie lauter und klar. Die beste Zeit ihrer distillierung ist im ende des Meyen."

BARLEYWATER

50 g Gerstenkörner werden in zwei Liter Wasser eineinhalb Stunden gekocht, die Körner abgeseiht und der Saft einer Zitrone und ein Eßlöffel Honig hinzugefügt. Das erfrischende Getränk kann heiß oder kalt getrunken werden und wirkt auch unterstützend bei allen Hauterkrankungen.

GERSTENABKOCHUNG BEI BRONCHITIS

Eine Handvoll roher Gerste läßt man in einem halben Liter Wasser so lange kochen, bis die Körner stark anschwellen. Dann wird die Flüssigkeit abgeseiht und über den Tag verteilt tassenweise getrunken. Die Wirkung auf die Atmungsorgane soll noch besser sein, wenn man 60 g Rosinen und 60 g Kandiszucker mitkocht.

STÄRKENDER GERSTENTRANK

200 g Gerste und zwei Liter Wasser werden zwei Stunden lang gekocht. Der abgeseihten Flüssigkeit kann Milch oder Zucker zugefügt werden. Die Gerstenkörner können dann mit Butter, Zwiebel und Salz gebraten werden. Wird der Trank gegen Fieber verwendet, soll keine Milch zugesetzt werden.

UMSCHLAG GEGEN ENTZÜNDUNGEN

Aus 125 g Gerste, einem Liter Milch und einem halben Liter Wasser wird ein Brei hergestellt: die Gerste waschen, zwei bis drei Stunden im Wasser einweichen, die Milch aufkochen und über die Gerste schütten. Auf schwachem Feuer etwa eine Stunde lang weichkochen. In einem Tuch auf die entzündete Stelle auflegen.

Gerstenmalzbäder helfen bei Hautflechten von Kindern: eine Tasse Gerstenmalz wird in etwas heißem Wasser aufgelöst und dem Badewasser zugegeben.

Willkommen, die das Brot uns gibt, das Korn uns gibt, Demeter.
Den Wagen mit dem Korbe ziehn vier blanke Schimmelstuten:
So blinken soll der Frühling uns, soll Sommer uns und Winter.
So blinken soll uns auch der Herbst. Das bringt der großen Göttin
Allmacht uns mit, das läßt sie uns bis nächstes Jahr genießen.

Kallimachos

Gerste in der Küche

GERSTENSUPPE

200 g Gerste
40 g Butter
1 Bund Suppengrün
1 kleine Zwiebel
2 l Wasser
Salz, Petersilie

Die Gerste wird in der Butter goldgelb geröstet, das fein geschnittene Gemüse wird kurz mitgedünstet und dann mit Wasser aufgegossen. Eine Stunde kochen lassen, danach mit Salz und Petersilie abschmecken.

GERSTENAUFLAUF

375 g Gerste
¾ l Milch
¾ l Wasser
50 g Butter
50 g Rahm
2 Eier
5 EL Semmelbrösel
1 Zwiebel
Salz, Majoran

Die gewaschene Gerste in Milch und Wasser eine Stunde lang kochen. Feingehackte Zwiebel und Majoran in Butter rösten; die restlichen Zutaten dazumischen und unter die Gerste rühren. In einer ausgefetteten, feuerfesten Form eine knappe Stunde bei mittlerer Hitze backen.

GERSTENSCHROT GEKOCHT

250 g grob geschrotete Gerste
1 EL Butter
Salz, Thymian

Der Gerstenschrot wird in einem halben Liter Wasser langsam zum Kochen gebracht und eine halbe Stunde sanft gekocht. Während des Kochens wird noch ein weiterer halber Liter Wasser langsam hinzugefügt. Mit Salz, Thymian und Butter abschmecken und nachquellen lassen.

GEFÜLLTE PAPRIKA

4 Paprikaschoten
250 g Gerstenschrot (siehe voriges Rezept)
50 g Haferflocken
1 TL Paprikapulver
½ TL Curry
1 TL Selleriesalz
1 Prise Cayennepfeffer
50 g geriebener Käse

Die Paprikaschoten werden in einem halben Liter kochendem Salzwasser einige Minuten blanchiert. Alle Zutaten bis auf den Käse werden gut gemischt und in die Paprikaschoten gefüllt. In einer gefetteten Auflaufform die Schoten mit dem geriebenen Käse bestreuen und bei mittlerer Hitze zwanzig Minuten zugedeckt, dann noch einige Minuten ohne Deckel, backen.
Eine dicke, mild gewürzte Tomatensauce paßt gut zu diesem Gericht.

GERSTENLAIBCHEN MIT GEMÜSE

150 g gekochte Gerstenkörner
100 g geriebener Sellerie
50 g geriebene Karotten
3 EL Buchweizenmehl
2 EL Öl
1 TL Salz
1 Schuß Mineralwasser
½ TL Thymian oder frische gehackte Kräuter

Alle Zutaten bis auf das Öl gut zusammenmischen, Laibchen formen und in dem erhitzten Öl von beiden Seiten hellbraun braten.
Die Laibchen können auch auf einem gefetteten Backblech mit 2 EL Sesamsamen überstreut und bei mittlerer Hitze 40 Minuten gebacken werden.

GERSTEN-KÜCHLEIN

150 g Gerste
30 ml Wasser
50 g Buchweizenmehl
3 EL Mineralwasser
100 g Topfen
Salz
2 geriebene Paranüsse
1 TL Thymian, 1 TL Ysop
etwas Cayenne und Piment
etwas Sauerrahm
Kürbiskerne

Gerste fünf Minuten leicht kochen und 15 Minuten nachquellen. Restliche Zutaten mit der Gerste vermischen, würzen. Masse zwischen zwei Backtrennfolien zwei Zentimeter dick auswalken, Formen ausstechen, auf ein Blech legen, mit Sauerrahm bestreichen und mit Kürbiskernen belegen. 20 Minuten bei 200 Grad backen. Dazu paßt Randeneintopf.

GERSTEN-APFELKEKSE

35 g Gerstenflocken
3 EL Mineralwasser
1 großer geriebener Apfel
3 EL gehackte Nüsse
1 kleingeschnittene Banane
4 kleingeschnittene Feigen
1 EL Honig
1 EL Öl
Saft und Schale einer halben Zitrone
50 g Weizenmehl
50 g Buchweizenmehl
1 Prise Salz

Alle Zutaten schnell zusammenmengen, kleine Häufchen auf ein gefettetes Backblech setzen und bei mittlerer Hitze goldgelb backen.

Verwendete Literatur

Friedell, Egon: Kulturgeschichte Ägyptens und des Alten Orients, 8. Aufl. 1996
Ploetz, Karl: Auszug aus der Geschichte, Bielefeld, 24. Aufl. 1951
Wilber, Ken: Eine kurze Geschichte des Kosmos, Frankfurt/Main, 1997
Herrmann, Gerald / Plakolm, Gerhard: Ökologischer Landbau, Wien, 2. Aufl. 1993
Sattler, Friedrich / v. Wistinghausen, Eckard: Der landwirtschaftliche Betrieb, Biologisch-Dynamisch, Stuttgart, 2. Aufl. 1998
Schmeil, Otto: Pflanzenkunde, Salzburg, 2. Aufl. 1965
Graveline, Noel: Himalaya, Eltville am Rhein, 1994
Seymour, John: Das große Buch vom Leben auf dem Lande, Ravensburg, 1976
Ceram, CW: Der erste Amerikaner – Die Entdeckung der indianischen Kulturen in Nordamerika, 1993
Brecht, Bertolt: Hundert Gedichte, 1918–1950, Jubiläumsausgabe, Berlin, 2. Aufl. 1998
Die Bibel: Altes und Neues Testament, Einheitsübersetzung, Freiburg, Basel, Wien, 1998
Homer: Odyssee, Stuttgart, 1996
Treben, Maria: Gesundheit aus der Apotheke Gottes, Steyr, 1981
Willfort, Richard: Das große Handbuch der Heilkräuter, Hamburg, 1997
Goodman, Felicitas: Wo die Geister auf den Winden reiten, Freiburg, 1993
Simonis, Werner Christian: Korn und Brot, Stuttgart, 3. Aufl. 1981
Renzenbrink, Udo: Die sieben Getreide, Dornach, 1993
Steiner, Rudolf: Geisteswissenschaftliche Grundlagen zum Gedeihen der Landwirtschaft, Landwirtschaftlicher Kurs, Dornach, Taschenbuchausgabe 1985
Steiner, Rudolf: Das Sonnenmysterium und das Mysterium von Tod und Auferstehung, Vortrag vom 24. 3. 1923, GA211, Dornach, 1963
Grimm, Brüder: Kinder- und Hausmärchen, Band 2, München, 1996
Goethe, Johann Wolfgang von: Werke, Hamburger Ausgabe, Band 1, München, 1982
Hetmann, Frederik: Nordamerikanische Märchen, Frankfurt/Main, 1974
Kranich, Ernst Michael: Die Formensprache der Pflanze, Grundlinien einer kosmologischen Botanik, Stuttgart, 2. Aufl. 1979
Schmidbauer, Wolfgang: Psychotherapie. Ihr Weg von der Magie zur Wissenschaft, München, 1975
Berger, Klaus: Manna, Mehl und Sauerteig, Korn und Brot im Alltag der frühen Christen, Stuttgart, 1993
Fowler, Cary / Mooney, Pat: Die Saat des Hungers, Wie wir die Grundlagen unserer Ernährung vernichten, Reinbek bei Hamburg, 1991
Fowler, Cary / Mooney, Pat: Unser landwirtschaftliches Erbe, Rede zur Verleihung des Right Livelihood-Preises, Schweden 1985
Simon, Claus Peter: Biodiversität in GEO: Wie Tiere und Pflanzen zu retten sind, Hamburg, Nr. 7/Juli 1999

Das Korn so groß wie ein Hühnerei

Leo N. Tolstoj

Kinder fanden einmal in einer Schlucht ein seltsames Ding: es war so groß wie ein Hühnerei, hatte eine Rinne in der Mitte und sah wie ein Korn aus. Ein Reisender, der des Weges kam, sah die Kinder mit dem Ding spielen, kaufte es ihnen für drei Kopeken ab, brachte es in die Stadt und verkaufte es dem Zaren als Seltenheit.

Der Zar rief seine Weisen und befahl ihnen festzustellen, was das sei: ein Ei oder ein Korn? Lange grübelten die Weisen, konnten aber keinen Bescheid geben. Das Ding lag auf dem Fenster, da kam ein Huhn geflogen, pickte hinein, machte ein Loch in das Ding, und nun sahen alle, daß es wirklich ein Korn war. Die Weisen begaben sich zum Zaren und sagten: „Es ist ein Roggenkorn."

Da staunte der Zar. Er befahl den Weisen zu ergründen, wo und wann dieses Korn gewachsen war. Lange grübelten sie, schlugen in den Büchern nach, konnten aber nichts finden. Sie gingen zum Zaren und sprachen: „Wir können dir keinen Bescheid geben. In unseren Büchern ist nichts darüber zu lesen. Man muß die Bauern fragen, ob nicht einer von den alten Leuten gehört hat, wann und wo solches Korn gesät wurde."

Da befahl der Zar, einen ganz alten Bauern zu ihm zu bringen. Man fand einen uralten Bauern und führte ihn zum Zaren. Der Alte war ganz grün im Gesicht, hatte nicht einen Zahn mehr und schleppte sich mühsam auf zwei Krücken dahin.

Der Zar zeigte ihm das Korn, der Alte konnte aber kaum noch etwas sehen. Halb sah er das Korn mit den Augen, halb betastete er es mit den Händen.

Der Zar fragte ihn: „Weißt du nicht, Großväterchen, wo solch ein Korn gewachsen sein könnte? Hast du selbst auf deinem Acker solches Korn gesät, oder hast du in deinem Leben einmal solches Korn gekauft?"

Der Alte war taub, mit Mühe und Not hörte er, was der Zar sagte, mit Mühe und Not verstand er es. Und er gab Antwort: „Nein, solches Korn habe ich auf meinem Acker nicht gesät und nicht geschnitten, und ich habe auch nie solches Korn gekauft. Wenn wir Getreide kauften, waren die Körner immer ganz klein. Aber ihr solltet meinen Vater fragen: vielleicht hat er gehört, wo solches Korn wuchs."

Der Zar schickte nach dem Vater des Alten und ließ ihn zu sich führen. Man fand ihn auch und führte ihn vor den Zaren. Das war ein uralter Mann, der auf einer Krücke ging. Der Zar zeigte ihm das Korn. Der Alte hatte noch gute Augen und betrachtete das Korn genau. Und der Zar fragte ihn: „Weißt du nicht, Alter, wo dieses Korn gewachsen ist? Hast du selbst auf deinem Acker solches Korn gesät, oder hast du in deinem Leben irgendwo solches Korn gekauft?"

Der Alte war wohl schwerhörig, verstand aber die Frage besser als sein Sohn. „Nein", sagte er, „auf meinem Acker habe ich solches Korn nicht gesät, noch geerntet. Gekauft habe ich es auch nicht, weil man zu meiner Zeit noch nichts von Geld wußte. Jeder nährte sich von seinem eigenen Getreide, und wenn einer Not litt, so teilten die anderen mit ihm. Ich weiß nicht, wo dieses Korn gewachsen ist. Wohl war unser Korn größer und ergiebiger als das jetzige, aber so eins habe ich noch nie gesehen. Von meinem Vater habe ich freilich gehört, daß zu seinen Zeiten das Korn noch größer und ergiebiger war als zu unseren Zeiten. Fragt den doch einmal."

Da schickte der Zar auch nach dem Großvater. Man fand ihn und führte ihn her-

bei. Der Alte kam ohne Krücken zu dem Zaren, seine Schritte waren leicht, seine Augen hell; er hörte gut und sprach deutlich. Der Zar zeigte ihm das Korn. Der Großvater betrachtete es und drehte es in der Hand hin und her.
„Lange hab ich unser altes Korn nicht gesehen", sagte er. Er biß etwas von dem Korn ab und zerkaute das Bröckchen.
„Stimmt", sagte er.
„So sage mir doch, Großvater, wann und wo ist solches Korn gewachsen? Hast du auf deinem Acker solches Getreide gesät oder in deinem Leben irgendwo bei den Leuten gekauft?"
Und der Alte sprach: „Zu meiner Zeit wuchs solches Korn überall. Von diesem Korn habe ich mich mein Leben lang genährt und die Leute gespeist. Dieses Korn habe ich gesät und geerntet und gedroschen."
Und der Zar fragte: „Sage mir, Großvater, hast du irgendwo solches Korn gekauft oder es selbst auf deinem Acker gesät?"
Da lachte der Alte: „Zu meiner Zeit", sagte er, „hat sich niemand eine solche Sünde denken können: daß man Getreide kaufen und verkaufen könnte. Und vom Geld haben wir auch nichts gewußt, jeder hatte soviel Getreide, wie er brauchte."
Und der Zar fragte weiter: „Sage mir noch, Großvater, wo hast du dein Korn gesät und deinen Acker gehabt?"
Und der Alte erwiderte: „Mein Acker war Gottes weite Erde. Wo ich sie pflügte, da war mein Acker. Der Boden war frei. Von eigenem Land wußte man damals nichts. Sein eigen nannte man nur seine Arbeit."
„So gib mir noch auf zwei Fragen Antwort", sprach der Zar.
„Erstens: warum gab es früher so großes Korn, und warum wächst es heute nicht mehr? Und warum ging dein Enkel auf zwei Krücken, dein Sohn nur auf einer, und du selbst kamst ganz leichten Schritts? Deine Augen sind hell, deine Zähne sind kräftig, deine Rede klingt freundlich und klar. Wie sind diese zwei Dinge möglich?"
Und der Alte sprach: „Das ist daher gekommen, weil die Menschen aufgehört haben, von ihrer eigenen Arbeit zu leben, weil es sie immer nach fremder Arbeit gelüstet. In der alten Zeit haben die Menschen anders gelebt: sie lebten nach Gottes Gebot. Man hielt fest, was man hatte, und begehrte nicht, was den anderen gehörte."

Getreideatlas

Hansjörg Küster

„Korn" ist Weizen im Westen Deutschlands, in Frankreich, Italien und auf dem Balkan, Dinkel in Südwestdeutschland und in manchen Gegenden der Schweiz. Im Osten und Norden Mitteleuropas bezeichnet man mit „Korn" vor allem den Roggen. In kühlen Gegenden Skandinaviens ist manchmal eher Gerste das „Korn", in den Flußgebieten Nordwestdeutschlands war das gelegentlich der Hafer. Und „corn" in Amerika ist natürlich der Mais...

Getreide, das Korn, ist das wichtigste Nahrungsmittel der Menschheit. Im Korn ist Stärke enthalten; das aus dem Korn gewonnene Mehl, der Schrot oder auch die ganzen Körner werden weltweit zu Brot, Brei, Grütze, Fladen und anderen Mehlspeisen verarbeitet. Ohne diese Speisen könnte die Menschheit nicht in der heutigen Dichte die Erde bevölkern, ohne Korn gäbe es keine Zivilisation, weder Dörfer noch Städte. Ohne Korn wäre die Menschheit eine Spezies von Jägern und Sammlern geblieben. Der Getreideanbau bot die Möglichkeit, enge Grenzen des Wachstums zu überwinden. Die Keimzelle zur Bevölkerungsexplosion war gelegt.

Warum bekam ausgerechnet das Korn für den Menschen so große Bedeutung? Besonders viele Getreidearten entstanden im sogenannten „fruchtbaren Halbmond" im Nahen Osten: in den Gebirgen des Libanon, in Anatolien und im Iran. Auf der Karte sehen diese Gebirge wie ein nach Süden geöffneter Halbmond aus. Andere Zentren der Entstehung von Getreide lagen in Südostasien, in Afrika und Amerika.

Die Entstehung von Kulturpflanzen ist ein faszinierendes Forschungsgebiet, und zwar nicht nur für die Naturwissenschaften, sondern auch für viele Bereiche der Kulturwissenschaft. Im 19. Jahrhundert begann man, dieses Kapitel der Geschichte vor allem mit der Auswertung schriftlicher Quellen sowie durch sprach- und namenkundliche Vergleiche zu untersuchen. Später befaßten sich Naturwissenschaftler mit diesem Gebiet, vor allem Biologen. Genetische und botanisch-systematische Untersuchungen führten zur Aufdeckung der Geschichte des Getreidebaus, aber man untersuchte und bestimmte auch die Körner, wie man sie bei archäologischen Ausgrabungen findet. Getreide wurde in früheren Jahrtausenden am offenen Feuer getrocknet und verkohlte dabei versehentlich oder bei Schadenfeuern. Daher kann man bei archäologischen Ausgrabungen häufig verkohlte Körner finden. Ihre morphologischen Kennzeichen sind so vorzüglich konserviert, daß man sie gut einer Pflanzenart zuordnen kann.

Pflanzen mit großen stärkereichen Körnern fielen in Urzeiten den Nahrung suchenden Menschen auf (und natürlich auch zahlreichen Tieren, beispielsweise Spatzen, Mäusen und Rehen). Menschen sammelten die Körner ein. Dabei griffen sie nach Körnern mit bestimmten Eigenschaften häufiger, nach anderen seltener – und damit begann die Entstehung von Kulturpflanzen aus Wildpflanzen.

Bei den Wildgräsern vermehren sich Individuen am besten, bei denen sich die Körner sofort nach der Reife aus der Ähre oder Rispe lösen, zu Boden fallen und keimen. Diese Körner fanden die Menschen beim Pflanzensammeln allerdings selten. Ins Sammelgut der Menschen kamen vor allem Körner, die sich nicht so leicht von der Ähre oder Rispe lösten, die in der Natur eigentlich benachteiligt waren. Auf diese Weise begannen Menschen, Pflanzen mit haltbaren Ähren oder Rispen auszulesen. Mit der Zeit entwickelten sich Pflanzen, bei denen der Verband der Körner nicht aufgelöst wurde: Ähren oder Rispen blieben komplett erhalten, bis Menschen zum Ernten kamen. Parallel zu dieser Entwicklung begannen die Menschen, Körner an bestimmten Stellen auszustreuen: Die ersten Felder entstanden. Der Mensch wurde seßhaft. Vorratsgefäße wurden notwendig; der Mensch begann zu töpfern. Zur gleichen Zeit nahm auch die Haltung von Vieh ihren Anfang.

Merkwürdigerweise erfolgte diese Entwicklung unabhängig voneinander an unterschiedlichen und weit entfernten Gebieten der Erde. Überall, wo es großkörnige Gräser mit viel Stärke gab, entstanden durch menschliche Auslese neue Typen von Gräsern, die Kulturgetreide-Pflanzen. Sie unterschieden sich von ihren „wilden" Verwandten vor allem dadurch, daß die Körner bei der Reife nicht ausfielen.

Für die Einführung des Ackerbaus wurden viele Regionen grundlegend umgestaltet. In Trockengebieten mußten die Felder künstlich bewässert werden. Die Regulierung der künstlichen Bewässerung war so kompliziert, daß administrative Strukturen erforderlich waren. Die ersten Staaten mit Städten als Verwaltungszentren, die ersten Zivilisationen entwickelten sich, und die Schrift mußte entwickelt werden, damit Anweisungen erlassen werden konnten. In Südostasien legte man bewässerte Terrassen für den Anbau von Wasserreis an. Mancherorts gab es bald Probleme mit der Bewässerungskultur. Die Böden versalzten, weil Wasser verdunstete und das darin gelöste Salz zurückblieb. Wüsten breiteten sich aus, was zu Krisen des Ackerbaus und der Staatswesen im Nahen Osten führte. Darüber läßt sich in der Bibel nachlesen.

Viele Getreidearten aus dem Nahen Osten kamen früh nach Europa; man konnte sie bei ziemlich gleichmäßigem Klima gut anbauen, die Böden waren fruchtbar, und wenn eine Mißernte bei der einen Getreideart drohte, gab es immer mindestens noch eine andere, durch die der Mangel ausgeglichen werden konnte. Nirgends sonst auf der Welt wurde über sieben Jahrtausende ohne größere Krisen Ackerbau betrieben.

In den Tropen konnte man zwar auch Wälder roden, um Getreide anzubauen. Dort aber sind die Böden wenig fruchtbar, weil in tropischen Ökosystemen praktisch alle Nährstoffe in der üppigen Vegetation gebunden sind. Daher ließen die Erträge auf den Feldern rasch nach; die Bauern mußten weiterziehen und anderswo neue Felder roden. Es entstand das für die Tropen bis heute charakteristische Wanderbauerntum ohne große Ortsbeständigkeit.

Vor mehr als 7000 Jahren gelangte Korn nach Europa, und zwar nicht nur auf dem „donauländischen Weg", also über den Balkan und Pannonien nach Mitteleuropa, und über den mittelmeerischen Weg bis zur Iberischen Halbinsel im Westen. Die Funde von Getreidekörnern in prähistorischen Siedlungen belegen auch noch andere Ausbreitungswege, vor allem einen aus dem zentralen und westlichen Mittelmeergebiet nach Norden. Früh kamen Getreidepflanzen aus den Steppengebieten Zentralasiens nach Mitteleuropa. Frühe Wirtschaftsbeziehungen gab es genauso zwischen Ostasien und Indien; im gesamten südostasiatischen Raum kam es durch den Menschen zur Verbreitung von Körnerfrüchten, dazu in Afrika und in Amerika. In den letzten Jahrhunderten kamen Weizen, Roggen, Gerste und Reis in die Neue, Mais in die Alte Welt.

Traditionelle Unterschiede bei den Vorlieben für bestimmte Getreidearten wurden dabei verwischt. Gehalten hat sich bis heute die schon eingangs erwähnte Tatsache, daß immer diejenige Getreideart „Korn" genannt wird, die am meisten angebaut wird.

In den letzten Jahrzehnten wurden die Kornerträge durch den Einsatz von Chemie und Genetik enorm vergrößert. Daneben wachsen weltweit jene Gebiete, wo Korn Mangelware ist und Menschen hungern. Auch in den Industrieländern gibt es erhebliche Veränderungen auf dem Getreidemarkt: Immer häufiger treten Länder wie Rußland, die Ukraine und China, ehedem wichtige Getreideexporteure, auf dem Weltmarkt als Getreidekäufer auf. Die Weltgetreidevorräte reichen zu der Zeit, zu der die Ernte vielerorts beginnt, nur für wenige Wochen. Mißernten hätten auch für die reichen Länder fatale Folgen.

ZUM GETREIDEATLAS

Schon immer war eine genaue Unterscheidung der unterschiedlichen Getreideformen erforderlich, um erfolgreich Korn anzubauen. So kam es, daß zuerst die Bauern, dann die botanischen Systematiker zunächst viele Typen von Getreide als eigene Pflanzenarten ansahen, die dies in Wirklichkeit nicht sind. Pflanzenarten sind Gruppen von Individuen, die fruchtbar untereinander gekreuzt werden können. Sie erhalten in der wissenschaftlichen lateinischen Nomenklatur hinter dem groß geschriebenen Gattungsnamen einen klein geschriebenen Artnamen. Heute wird die herkömmliche Nomenklatur immer wieder geändert. Man hat früher zwischen einzelnen Gruppen von Getreide deutliche Unterschiede gesehen; viele der ursprünglich unterschiedenen Arten werden heute als Unterarten – sie erhalten den Namen einer Subspecies, abgekürzt „ssp." – oder einfach nur als Sorten zusammengefaßter Arten angesehen und systematisiert.

Im folgenden werden die verschiedenen Formen von Getreide porträtiert; darunter sind Korn hervorbringende Gewächse, die so gut wie weltweite Bedeutung erlangt haben, und andere, die nur lokal kultiviert wurden oder werden. Viele von ihnen haben heute große Bedeutung, andere wurden nur in der Vergangenheit angebaut. Anordnung und Nomenklatur folgen im wesentlichen Rudolf Mansfelds Verzeichnis landwirtschaftlicher und gärtnerischer Kulturpflanzen in der Neuauflage von 1986.

Mannaschwaden

Glyceria fluitans

Januar hart und rauh nützet dem Getreidebau.

BOTANIK

Die Namen für den Mannaschwaden, der eine Höhe von mehr als einem Meter erreichen kann und dessen Rispen sich nach einer Seite neigen, verweisen darauf, daß seine Körner in Notzeiten scheinbar „wie Manna", als von Gott gesandte Speise, vom Himmel fielen.

VERBREITUNG

Mannaschwaden kommt fast überall in den gemäßigten Breiten der Welt vor, und zwar immer dort, wo Land alljährlich längere Zeit überflutet ist und danach trocken fällt. Weit verbreitet ist die Pflanze in den ausgedehnten Flußniederungen im Osten Mitteleuropas. Im Winter und Frühjahr trägt das Wasser reichlich Nährstoffe für die Versorgung der Pflanze heran, die dann bei Trockenheit empor wächst.

In der Lausitz baute man die Pflanze in abgelassenen, aber immer noch feuchten Fischteichen an. Es wurde so viel Mannaschwaden geerntet, daß man ihn exportieren konnte, per Schiff von Danzig, Elbing und Königsberg aus.

ANWENDUNG UND GESCHICHTE

Aus den Körnern bereitete man Mannagrütze zu. Dazu hieß es in der „Naturwissenschaftlichen Wochenschrift" von 1907: „Vor kaum einem Jahrhundert bedeckte genannte Grasart in Ostpreußen weite Strecken sumpfigen Landes und lieferte in ihren Samenkörnern ein allgemein geschätztes Nahrungsmittel, die ‚Schwadengrütze'. Deren Gewinnung lag gewöhnlich in den Händen der Bauernfrauen. In der Morgenfrühe eines Junitages ging die ‚Hausmutter' barfuß hinaus auf die zum Hofe gehörenden feuchten Wiesengelände, bewaffnet mit einem feinhaarigen Siebe und einem Getreidesacke. Mit kräftigem Schwunge schlug sie alsdann mit dem Siebrande gegen die Fruchtträger des Grases. Dadurch fielen die weißen, kleinen Körner aus den Ährchen heraus in das darunter befindliche Sieb. Vom Taue angefeuchtet, blieben sie haften. Die so gewonnenen Körnchen wurden in den bereit gehaltenen Sack getan, zu Hause auf der Tenne getrocknet und dann in die Stampfe geschüttet. In der Stampfe wurden die Hülsen der Samenkörner abgestoßen. Die gereinigte Schwadengrütze bereitete man mit Milch oder Butter zu."

BESONDERHEITEN

Der Mannaschwaden, der auch Himmelstau oder Preußisches Manna genannt wird, ist wahrscheinlich die einzige in Mitteleuropa heimische Pflanzenart, die man zur Gewinnung von Körnern tatsächlich anbaute, und auch dies war keine sehr häufige Praxis.

Es gibt noch einige weitere in Mitteleuropa einheimische Grasarten, von denen man annimmt, daß ihre stärkereichen Körner genutzt wurden. Beispielsweise könnte dies auf die Roggentrespe (Bromus secalinus) zutreffen, die eigentlich ein verbreitetes Getreideunkraut war. Es gibt Ansammlungen von Getreidekörnern aus jungsteinzeitlichen Siedlungen, in denen mehr Körner der Roggentrespe als Körner anderer Gräser auftraten. Dies heißt aber nicht, daß Roggentrespe angebaut wurde; der Anbau galt dem anderen Getreide, die Roggentrespe gewann lediglich, vom Menschen unbeabsichtigt, die Oberhand.

Strandgerste

Leymus arenarius
(= Elymus arenarius)

BOTANIK

Strandgerste, auch Strandroggen genannt, sieht wie Getreide aus: Auf einem über einen Meter langen Halm reift eine Ähre mit großen Körnern heran. Die Pflanze wächst nicht direkt am Strand, sondern in den Dünen, dort, wo nur selten salzhaltiges Wasser hingelangt. Mit ihren langen Wurzeln, die die Pflanze auf der Suche nach mineralischen Nährstoffen weit in den nährstoffarmen Untergrund hineintreibt, befestigt die Strandgerste die Dünen. Ohne Pflanzen wie die Strandgerste würden die Dünen unaufhörlich vom Wind verlagert werden; der Bewuchs stabilisiert sie, und sie bleibt an Ort und Stelle, so daß im Laufe der Zeit aus Dünenketten im Meer ganze Inseln werden können.

GESCHICHTE UND VERBREITUNG

Ob man die Körner der Strandgerste in Mitteleuropa aß, ist nicht bekannt. In Island aber, wo die Strandgerste auch wächst, wurde sie vom Mittelalter bis zum Beginn des 20. Jahrhunderts angebaut und gegessen. Auf der entlegenen Insel war Nahrung knapp, da das Klima ungünstig für den Getreidebau ist. Es wuchs zu wenig Gerste auf den Feldern. Daher brachte man auch die Körner der Strandgerste auf den Äckern aus. Die Isländer entwickelten spezielle Sicheln für die Ernte von Strandgerste und besondere Dresch- und Lagerungsmethoden für die Körner dieses Grases. Als die Handelsverbindungen zwischen Island und anderen europäischen Ländern verstärkt wurden, kam der Anbau von Strandgerste zum Erliegen; es war leichter und billiger, Getreide nun aus dem Süden zu importieren.

Strandgerste war also nur kurzzeitig und am Rand des traditionellen Getreideanbaugebietes ein kultiviertes Korn. Man baut sie heute noch zur Befestigung von Dünen, nicht aber zur Gewinnung von Nahrung an.

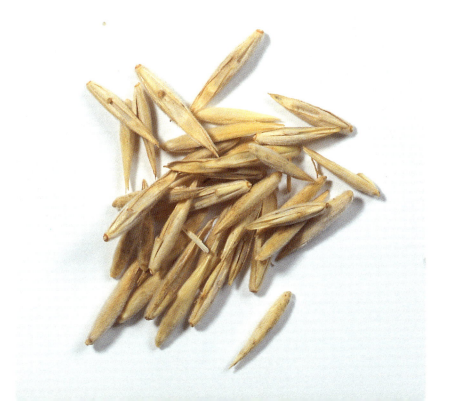

Was Januar in die Samen treibt, in Halm und Ähren steckenbleibt.

Wilde Gerste

Hordeum vulgare ssp. spontaneum

BOTANIK

Prinzipiell sehen sich alle Formen von Gerstenähren ähnlich. In jeder „Etage" der Ähre stehen drei Ährchen nebeneinander; sie bilden ein sogenanntes Triplett. Das Ährchen-Triplett ist mit einem Stück der Ährenachse fest verwachsen, und es sieht wie eine Pfeilspitze aus: Die Spitze ist das Ährenachsenstück, am breiteren Ende des Pfeils sitzen die drei Ährchen. Sie alle können fruchtbare Blüten enthalten, das heißt, es kann aus ihnen je ein Korn heranreifen, das mehr oder weniger fest mit den Spelzen verwachsen ist. Bestandteil fruchtbarer Ährchen ist außerdem in der Regel eine lange Granne mit Widerborsten, die im Fell von Tieren hängenbleiben. Es gibt aber auch Pflanzen, bei denen nur das mittlere Ährchen eine fruchtbare Blüte enthält, während sich in beiden anderen sterile Blüten befinden; die Spelzen der sterilen Ährchen bilden dann eine besonders widerstandsfähige panzerartige Hülle um das einzige Korn der Ährenetage. Ob nur ein Korn oder aber alle drei heranreifen, ist genetisch festgelegt. Eine einzige Mutation entscheidet darüber, ob sich einkörnige oder dreikörnige Ährchen-Tripletts ausbilden. So erscheint die Pflanzenart Gerste in sehr unterschiedlichen Formen. Abhängig von den unterschiedlichen Bedingungen der natürlichen oder der vom Menschen gesteuerten Auslese sind entweder die Pflanzen mit nur einem oder die mit drei Körnern pro Ährenetage überlegen.

VERBREITUNG

In „freier Wildbahn" gibt es vor allem Pflanzen mit einem Korn pro Ährenetage und zwei sterilen Blüten. In den relativ trockenen Regionen, in denen Wilde Gerste beheimatet ist, vor allem im Gebiet des sogenannten „Fruchtbaren Halbmondes" im Nahen Osten, also in den Bergländern des Libanon, in Ostanatolien und im Iranischen Bergland, ist Wasser oft knapp, so daß die Photosynthese in den Blättern nicht optimal ablaufen kann. Pflanzen, deren genetische Konstitution die Ausbildung von nur einem kräftigen Korn „vorsieht", sind anderen überlegen, bei denen das Wasser zur Ausbildung von Biomasse für drei Körner nicht ausreicht. Das reife Korn muß die Trockenzeit unbeschädigt überstehen. Die durch die Spelzen der unfruchtbaren Blüten optimal geschützten Körner halten sich am besten.

Wenn die Körner reif sind, löst sich die Ährenachse der Wilden Gerste an ihrer dünnen Abbruchstelle. Das bespelzte Korn fällt zu Boden – oder ein Tier bleibt mit seinem Fell an den Widerhaken der Grannen hängen und reißt das Ährchen von der Ähre ab. An feuchten Stellen, wo sich das Tier wälzt, wird das Ährchen in die Erde gedrückt. Wenn es auf trockenen Boden gerät, kann es bei den seltenen, aber heftigen Regenfällen an einen zum Wachsen günstigen Platz transportiert werden. Dort bohrt sich das Ährchen mit der pfeilspitzenförmigen Abbruchstelle der Ährenachse in den Untergrund hinein. Aus den Spelzen kann dann, sobald genügend Wasser im Boden verfügbar ist, eine neue Pflanze austreiben.

GESCHICHTE

Die Pflanze mit den großen nahrhaften Körnern fiel den Menschen auf, die auf Nahrungssuche waren. Vor etwa 10.000 Jahren kamen sie vermutlich zum ersten Mal auf die Idee, die Körner von Wildgerste in der Nähe ihrer Lagerplätze zu verstreuen. Es entstanden die ersten Felder, und dort hat der Mensch damit begonnen, die für ihn günstigsten Typen von Gerste zu selektieren. So entwickelten sich die ersten Kulturformen.

Gerstenährchen mit Widerborsten an den Grannen

Zweizeilige Gerste

Hordeum vulgare
ssp. distichum

BOTANIK

Bei der kultivierten Zweizeilgerste sind nur die mittleren Körner der Ährchen-Tripletts ausgebildet, während die beiden seitlichen Ährchen steril bleiben. In der Ähre stehen die Ährchen mit ihren Körnern abwechselnd nach rechts und links von der Ährenachse ab, so daß sie in zwei Zeilen angeordnet sind.
Der wichtigste Unterschied zwischen wilder Gerste und kultivierter Zweizeilgerste ist, daß bei der Zweizeilgerste die Anhängsel der Ährchen, welche die Ährenachse bilden, eine breitere Basis haben; die Grannen sind schmäler, und ihre Widerhaken verfangen sich nicht so leicht im Fell von Tieren. Die Ährenachse ist so zäh, daß sie von Tieren kaum auseinandergerissen werden kann; von selbst zerfällt sie noch viel weniger.

VERBREITUNG

Zweizeilgerste wird heute viel angebaut, und zwar vor allem als Sommergerste; ihre Bedeutung ist gegenüber der eiweißreicheren Futtergerste gestiegen.

GESCHICHTE

Der Anbau von Zweizeilgerste blieb zunächst auf den Nahen Osten beschränkt und war vor allem im späten 8. und im 7. vorchristlichen Jahrtausend von großer Bedeutung. Nach Mitteleuropa kam Zweizeilgerste erst im Mittelalter, nachdem man erkannte, daß die fest von Spelzen umschlossenen Körner eine ideale Braugerste abgeben.
Der Anbau von Gerstensorten mit fester Ährenachse und schmalen Grannen wurde vom Menschen bevorzugt. Beim Ernten griff er vor allem nach solchen Pflanzen, bei denen möglichst viele, wenn nicht alle Körner noch im Ährenverband beisammen saßen. Auf diese Weise selektierte der Mensch für die Felder Pflanzen, bei denen die Ähren bis zur Reife aller Körner erhalten blieben, um zu vermeiden, daß die Körner, wenn der Mensch zur Ernte kam, bereits zu Boden gefallen waren. (Auf den Feldern kamen so immer mehr Pflanzen mit festen Ährenachsen und immer weniger mit brüchigen vor.)
In der Wildnis ist kultivierte Gerste jedoch benachteiligt, einmal weil die einzelnen reifen Körner sich nicht sofort von der Ähre trennen und nur selten durch Tiere verteilt werden, zum anderen, weil die Ährchen mit ihrer breiten Abbruchstelle der Ährenachse nicht pfeilartig in den Boden eindringen können, und ferner deshalb, weil alle Körner am gleichen Ort auskeimen, wenn sie miteinander verbunden bleiben.
Der Mensch führte die Ernte immer zweckmäßiger durch: Alle Körner mußten zur gleichen Zeit geerntet werden können. Die von den Spelzen fest umschlossenen Körner konnten gut gelagert werden. Dann erst sollte die Ährenachse zerbrochen werden (dazu mußte der Arbeitsgang des Dreschens eingeführt werden), und danach mußten die Spelzen entfernt werden (durch Entspelzen der Körner). Dies war aber nur erforderlich, wenn man die Körner anschließend mahlen wollte. Wollte man sie aber zur Bereitung von Bier ankeimen lassen, mußten die Körner nicht entspelzt werden.

BESONDERHEITEN

Für die Herstellung von Bier ist es günstig, wenn der Eiweißgehalt der Körner möglichst gering, der Stärkegehalt aber möglichst hoch ist. Die Körner der Zweizeilgerste enthalten mehr Stärke als die von Mehrzeilgerste, diese enthält dafür mehr Eiweiß.

Zu St. Pauli (25. 1.) Sonnenschein, bringt dem Bauern Korn und Wein.

Getreideatlas

Sechszeilige Gerste

Hordeum vulgare ssp. vulgare

BOTANIK

In allen Ährchen der mehrzeiligen Gerstensorten befinden sich fruchtbare Blüten, das heißt: aus allen wachsen Körner heran. Die mittleren Körner sind symmetrisch, die beiden seitlichen leicht gekrümmt. Die Ährchen-Tripletts stehen abwechselnd nach beiden Seiten von der Ährenachse ab. Sieht man von oben auf die Ähren der Sechszeilgerste, sind die Körner in sechs Zeilen angeordnet. Die fest aneinander sitzenden Ährenachsenbestandteile sind eher kurz, deshalb bilden die Körner dicht gedrängte Ähren. Sie werden auch „Dickköpfe" genannt, und im Montafon heißen sie „Pumperkorn". Der kurze Abstand zwischen den Ährchen bewirkt, daß die Ähren in der Regel steif aufrecht stehen, auch dann, wenn die Körner reif und schwer werden. Diese Gerstenform kann man heute in Mitteleuropa kaum noch finden. In der Wildnis hat Mehrzeilgerste noch weniger Existenzmöglichkeit als Zweizeilgerste, weil die dicht nebeneinander sitzenden Körner sich gegenseitig beim Austreiben behindern. Die Mehrzeilgerste ist dafür ertragreicher und ihre Körner sind eiweißreicher, also besser für die Ernährung von Mensch und Tier geeignet.

GESCHICHTE UND VERBREITUNG

Im Nahen Osten wurde Mehrzeilgerste seltener als Zweizeilgerste angebaut. Seit der Zeit um 4000 v. Chr. änderte sich dies. Wahrscheinlich war die künstliche Bewässerung von Getreidefeldern eine wichtige Voraussetzung. Durch sie steht genügend Wasser für den Ablauf der Photosynthese zur Verfügung. In den Blättern kann daher mehr Biomasse aufgebaut werden, so daß auch mehr Körner gebildet werden. Pflanzen, die aufgrund ihrer genetischen Konstitution auch aus den seitlichen Ährchen Körner hervorbringen, sind bei ausreichendem Vorhandensein von Wasser bevorzugt, vor allem wenn der Mensch sie auf den Feldern ausliest, bevorzugt erntet und bevorzugt wieder einsät.

Mit der Einführung der künstlichen Bewässerung bildeten sich erstmals staatliche Strukturen heraus. Es wurde zentral angeordnet, welche Felder wann und wie lange zu bewässern waren. Zu diesem Zweck wurde unter anderem die Schrift entwickelt. Eine negative Folge der künstlichen Bewässerung in warmen Klimazonen war, daß durch die Verdunstung von Wasser das darin gelöste Salz auf den Feldern zurückblieb und so die Bodenversalzung voranschritt. Gerste ließ sich aber auch noch anbauen, wenn der Versalzungsgrad den Anbau anderer Getreidearten unmöglich machte. Wenn Gerste nicht mehr angebaut werden konnte, mußte das Feld aufgegeben werden. In vielen Fällen war es fortan Bestandteil der sich ausbreitenden Wüsten. Zu dieser Katastrophe kam es vielerorts im Nahen Osten schon in der Bronzezeit; politische und wirtschaftliche Krisen waren die Folge. Mehr darüber kann man in der Bibel lesen.

ANWENDUNG

Wie alle Formen von Gerste liefert auch die Mehrzeilgerste kein ideales Mehl zum Brotbacken. Dazu muß man Gerstenmehl mit anderem Mehl (beispielsweise von Weizen) vermengen. Auf der Schwäbischen Alb hat man Gerstenmehl mit dem von eiweißreichen Linsen vermengt; daraus konnte man ein dunkles, schweres Brot backen. In der Bibel ist Gerstenbrot das „Brot der Armen", womit zum Ausdruck gebracht ist, daß Gerste nicht das beste Korn für Brot ist. Grütze, Brei und Fladen dagegen lassen sich gut aus Gerstenmehl zubereiten. Ferner ist Mehrzeilgerste ein sehr gutes Futtergetreide.

Soll die Gerste üppig stehn, so muß man an St. Benedikt (21. 3.) sän.

Vierzeilige Gerste

Hordeum vulgare ssp. vulgare

BOTANIK

Die vierzeilige Gerste kommt heute noch etwas häufiger vor als die sechszeilige, die man kaum noch finden kann. Auch bei ihr reifen alle drei Körner der Ährchen-Tripletts, doch sind die Ährenachsenabschnitte zwischen den Ährchen-Tripletts größer. Vor allem die Körner der seitlichen Ährchen haben mehr Platz für ihre Entwicklung, sie weisen sowohl bei den rechts als auch bei den links von der Ährenachse abstehenden Ährchen-Tripletts in beinahe die gleiche Richtung. Sieht man sich die Ähre von oben an, stehen die Körner in vier Zeilen. Weil die Abstände zwischen den Ährenetagen größer sind, ist die Ähre mit den reifen Körnern nicht steif aufrecht, sondern kann sich unter dem Gewicht der Gerstenfrüchte zur Seite neigen.

VERBREITUNG

Die mehrzeilige Gerste wird vor allem als Winterfrucht angebaut. Wintergerste wird im Herbst gesät, sie keimt bereits vor dem ersten Schneefall, und in milden Zeiten des Winters kann sie bereits ein Stück weit wachsen: Sie hat so einen Entwicklungsvorsprung gegenüber der erst im Frühjahr gesäten Sommergerste und kann daher auch früher geerntet werden.

GESCHICHTE

Die Spelzen schützen die Körner, so daß die sogenannte Spelzgerste relativ unempfindlich gegen ungünstige Witterung und Schädlinge ist. Das Erntegut läßt sich auch gut lagern. Aus diesem Grund baute man mehrzeilige Spelzgerste in Europa schon in der Jungsteinzeit an, vor allem aber seit der Bronzezeit. Bis dahin bevorzugte man oft auch die Nacktgerste, die man später kaum noch anbaute, wohl weil man sie nur unter großen Problemen lagern konnte. Die unempfindliche Spelzgerste wurde in Europa zu dem Getreide, das die größte Verbreitung fand. Sie gedieh nicht nur auf leicht versalzenen Böden der Trockengebiete, sondern auch im Marschland an der Küste, wo winterliche Sturmfluten gelegentlich das Land überschwemmten und ein kleines Quantum Salz auf dem Acker zurückblieb. Gerste reift auch noch in den kurzen Sommern nördlich des Polarkreises und an der Waldgrenze im Hochgebirge heran. Hier wird sie heute kaum noch angebaut, denn am besten wächst sie dort, wo auch anderes Getreide heranreift – auf günstigen, tiefgründigen Böden.

ANWENDUNG

Vierzeilige Gerste mit ihrem hohen Eiweißgehalt ist ein sehr gutes Futtergetreide. Für die menschliche Ernährung wird sie seltener verwendet, weil die Körner fest von den harten Spelzen umschlossen sind und das Entspelzen kompliziert ist.

Vor dem St. Johannis-Tag (24.6.) Gerste man nicht loben mag.

Nacktgerste

Hordeum vulgare ssp. nudum

BOTANIK

Von den wilden Formen der Gerste unterscheiden sich die nacktkörnigen Formen am meisten. Nacktgerste ist meistens eine sechszeilige Gerste mit dichten, aufrecht stehenden Ähren; es gibt aber auch vierzeilige Formen mit hängenden Ähren. Die Körner von Nacktgerste sind nicht so fest mit den Spelzen verbunden wie die der Spelzgerste, daher heißen sie „nackt". Nur eine einzige Mutation entscheidet darüber, ob die Körner fester mit den Spelzen verwachsen sind als die Spelzen mit der Ährenachse, so daß sich die Körner beim Dreschen nicht von den Spelzen trennen lassen, oder ob die Spelzen fester an der Ährenachse sitzen als an den Körnern, so daß die nackten Körner beim Dreschen aus der Ähre fallen.

VERBREITUNG

Körner der Nacktgerste sind am besten für die menschliche Ernährung zu verwenden, da man sie nicht entspelzen muß. Dafür sind die nackten Körner viel anfälliger als die bespelzten, und zwar sowohl während ihres Wachstums auf dem Halm als auch nach der Ernte bei der Vorratshaltung. Der Anbau von Nacktgerste ist daher an trockene Klimabedingungen und die Möglichkeit einer guten Lagerung gebunden.

GESCHICHTE

Nacktgerste ließ sich sehr gut im Nahen Osten anbauen, auch schon vor 8000 Jahren. In den folgenden Jahrtausenden wurde sie auch viel in den warmen Regionen am Mittelmeer ausgebracht. Von dort und nicht wie andere Getreidearten vom Balkan donauaufwärts kam Nacktgerste nach Mitteleuropa, und zwar bereits vor etwa 7000 Jahren. Nacktgerste wurde nur in einigen Gebieten im westlichen Mitteleuropa eingeführt, beispielsweise im Neckarland und in Mitteldeutschland, später auch an den Küsten von Atlantik und Nordsee. Wie die Ackerbauern damals mit dem Problem fertig wurden, die anfällige Nacktgerste zu lagern, ist nicht bekannt. Später, vor allem ab der Bronzezeit (ab dem 2. Jahrtausend v. Chr.), baute man Nacktgerste kaum noch an; Spelzgerste war an ihre Stelle getreten, wohl deshalb, weil man diese besser aufbewahren konnte.

ANWENDUNG

Fortan nahm man es lieber auf sich, die Körner entspelzen oder schälen zu müssen, bevor man sie für die menschliche Ernährung verwenden konnte. Meist wurde Gerste ohnehin als Viehfutter verwendet, wofür sie nicht entspelzt werden mußte. Nacktgerste verschwand nahezu völlig, auch heute, wo eigentlich sehr gute Lagermöglichkeiten für Erntegut bestehen, baut man sie praktisch nicht mehr an. Gerste als Mehllieferant spielt kaum noch eine Rolle, daher ist es auch nicht wichtig, „nackte" Körner zu gewinnen. Als menschliche Nahrung werden eigentlich nur noch Gerstengraupen hergestellt, also geschälte Gerstenkörner, die man als Suppeneinlage verwendet.

Langer Schnee im März, bricht dem Korn das Herz.

Getreideatlas 69

Roggen
Secale cereale

BOTANIK
Roggen wurde, weil Jahr für Jahr die Achse seiner Ähren stabiler wurde, in den Feldern anderer Kulturpflanzen, vor allem wohl von Weizenarten, allmählich vom Unkraut zur Kulturpflanze. Er ist daher eine sekundäre Kulturpflanze. Roggen ist nahe mit dem Weizen verwandt; man hat ihn auch schon in die Gattung Triticum, in die Gattung der Weizenarten, eingeordnet, und er kann mit Weizen gekreuzt werden, wobei Triticale entsteht.

Die Roggenähren stehen auf langen Halmen. Roggen ist die höchste der bei uns vorkommenden Getreidearten, sieht man vom Mais ab. Beim Betrachten vieler Roggenfelder kann man sich vorstellen, daß sich die „Roggenmuhme" darin verstecken kann, ein vor allem in früherer Zeit immer wieder beschworener Kleinkinderschreck, der böse Kinder in die Felder zerrt, vor allem Tunichtgute, die mutwillig in den Feldern herumlaufen. Die Pflanzen sind oft bläulich bereift von einer Wachsauflage, die ein besonderer Schutz gegen das Austrocknen der Pflanze in der heißen Sonne, aber auch während des Winters ist, wenn der Schnee bereits geschmolzen ist, das Eis im Boden aber noch nicht, so daß die Pflanze nicht genug Wasser erhält.

Die großen, plumpen Körner fallen erst beim Dreschen aus den lang begrannten Ähren; sie sind verlängert dreieckig und stecken mit ihrem zugespitzten Ende in den Spelzen, die sie mit ihrem dickeren Ende etwas auseinanderdrücken. Am breiteren Ende wirken die Körner wie mit der Schere abgeschnitten.

VERBREITUNG
Roggen kann auch auf eher kargen Böden und bei niedrigen Temperaturen wachsen. Vor allem in Osteuropas winterkalten Regionen und im feuchtkühlen Norddeutschland sowie in vielen Gebirgsgegenden wächst er besser als Weizen.

GESCHICHTE
Man baut Roggen noch nicht so lange wie Weizen und dessen Verwandte an. Roggen ist also in Wirklichkeit nicht das „urtümliche" Korn, für das er oft gehalten wird. „Erst" seit der Eisenzeit, also seit etwa zweieinhalb Jahrtausenden, brachte man ihn regelmäßig in Europa aus. Roggen ist derart genügsam, daß man ihn im sogenannten „Ewigen Roggenbau" viele Jahre hintereinander immer wieder an der gleichen Stelle anbauen kann, bevor ein Fruchtwechsel nötig wird.

ANWENDUNG
Roggenmehl eignet sich sehr gut zum Brotbacken, enthält allerdings etwas weniger Eiweiß als Weizenmehl. Roggenbrot trocknet weniger schnell aus als Weizenbrot; es bleibt daher länger frisch. Aus Roggen kann man auch dunkles Bier zubereiten und klaren Schnaps, den man mancherorts einfach „Korn" nennt. Das lange Stroh verwendete man früher häufig als Baumaterial; beispielsweise umwickelte man damit das Kleinholz, mit dem man die Gefache von Fachwerkhäusern füllte, oder man verwendete gehäckseltes Roggenstroh zum Magern von Lehm, mit dem man die Gefache völlig dicht machte.

BESONDERHEITEN
Roggen wird häufig vom Mutterkornpilz (Claviceps purpurea) befallen. Dadurch werden die Getreidekörner zu harten Sklerotien, die giftige Alkaloide enthalten. Beim Backen entwickelt sich daraus LSD, das bekannterweise Halluzinationen hervorruft. Man kann die Mutterkorn-Alkaloide aber auch medizinisch einsetzen, unter anderem in der Frauenheilkunde.

Ist der Februar kalt und klar, kommt ein gutes Roggenjahr.

Bergroggen

Secale montanum

So golden die Sonne im Juli strahlt, so golden sich der Roggen mahlt.

BOTANIK

Der Bergroggen ist dem kultivierten Roggen nahe verwandt. Beide Pflanzenarten sind miteinander kreuzbar. Ob der angebaute Roggen einmal aus dem Bergroggen hervorging, ist nicht ganz geklärt. Bergroggen hat im Unterschied zum Roggen nur kleine Körner, die, wenn sie reif sind, sofort aus der Ähre fallen, damit sie neu auskeimen können. Die Pflanzen sind im Unterschied zu denen des Roggens nicht einjährig, sondern ausdauernde Stauden; das heißt, es bilden sich mehrere Jahre hintereinander Halme, Blätter, Blüten und Früchte an der gleichen Pflanze.

VERBREITUNG

Bergroggen kommt im Mittelmeergebiet und seinem weiteren Umfeld vor. Man nimmt an, daß sich durch Veränderungen des Erbgutes im Bergland Ostanatoliens Pflanzen entwickelten, die im Gegensatz zu denen des ursprünglich ausdauernden Bergroggens einjährig sind. Zu Anfang der Vegetationsperiode keimen diese Pflanzen aus den Körnern hervor, bilden Blätter, Halme, Blüten und Körner. Wenn die Körner ausgefallen sind, stirbt die Pflanze ab. Auf diese Weise könnten die wilden Roggenformen Secale silvestre und Secale vavilovii, den man am Berg Ararat im Osten Anatoliens gefunden hat, entstanden sein. Von diesen Pflanzen stammen Unkräuter ab, die in den Beständen anderer Getreidearten wachsen, also auf Feldern von Gerste und Weizenarten. Auf einem Acker werden durch den Menschen Pflanzen gefördert, die optimal an den Wachstumszyklus auf einem Getreidefeld angepaßt sind, die also gemeinsam mit dem absichtlich gesäten Getreide keimen, in die Höhe wachsen, reife Körner hervorbringen und auch mit dem Getreide geerntet werden, so daß sie nicht nur ins Erntegut gelangen, sondern auch in das Saatgut, das im nächsten Jahr ausgebracht wird.

GESCHICHTE

Wenn dann durch weitere Mutationen und Selektionsprozesse Pflanzen entstehen, deren Körner denen des angebauten Getreides ähneln, so daß sie nicht mehr auf Grund unterschiedlichen Gewichtes oder unterschiedlicher Größe von den Körnern des eigentlich angebauten Getreides getrennt werden können und sie außerdem dank eines Stärkegehaltes, der ähnlich hoch ist wie der des angebauten Getreides, ebenfalls zur Zubereitung von Mehlspeisen verwendet werden können, ist eine sekundäre Kulturpflanze entstanden – in den Beständen anderer Getreidearten.

Etwa so könnte die Evolution von Bergroggen zu angebautem Roggen abgelaufen sein. Dafür spricht unter anderem eine im Orient verbreitete sagenhafte Vorstellung, der zufolge sich ein Weizenfeld bei ungünstiger Witterung in ein Roggenfeld verwandeln kann. Der Weizen entwickelt sich in diesem Fall nicht optimal, sondern lediglich das eigentliche Unkraut Roggen; dann kann man wenigstens das von Allah gesandte Korn, „Allahs Weizen", ernten.

BESONDERHEITEN

Heute versucht man, erneut aus dem ursprünglichen Bergroggen Pflanzen zu züchten, die Kulturpflanzenmerkmale haben, bei denen also große Körner nicht sofort aus den Ähren fallen, wenn sie reif sind. Auf diese Weise kann man vielleicht einen ausdauernden Kulturroggen züchten, den man nicht jedes Jahr neu aussäen muß, aber mehrere Jahre hintereinander ernten kann.

Roggen und Weizen sind nahe miteinander verwandt; deswegen wurde der Roggen von den Pflanzensystematikern gelegentlich als Bestandteil der Gattung Weizen aufgefaßt und „Triticum cereale" genannt.

Wegen der nahen Verwandtschaft der Pflanzen ist es heute möglich, künstlich Gattungsbastarde aus Roggen und Weizen zu erzeugen, indem man eine Genom-Mutation auslöst, als deren Folge die Zahl der Chromosomensätze in den Zellkernen erhöht wird. In den Zellkernen dieser Gattungsbastarde, die man Triticale nennt, ist sowohl genetisches Material vom Weizen als auch solches vom Roggen enthalten. Körner von Triticale kann man auf Feldern ausbringen und heranwachsen lassen. Triticale hat einerseits ein ähnlich gutes Mehl und ist ähnlich ertragreich wie Weizen und ist andererseits ähnlich beständig gegen ungünstige Witterung und anspruchslos dem Standort gegenüber wie Roggen. Deswegen lohnt es sich, diese Kreuzung auf Feldern anzubauen.

Triticale

x Triticale

Bleicht der Roggen vor Johann (24. 6.), fängt die Ernte düster an.

Wildes Einkorn

Triticum monococcum
ssp. boeoticum

BOTANIK

Wildes Einkorn ist sowohl mit dem kultivierten Einkorn als auch mit dem Saatweizen nahe verwandt. Mit kultiviertem Einkorn kann es problemlos gekreuzt werden, so daß wildes und kultiviertes Einkorn eigentlich der selben Pflanzenart angehören.

Die Halme des wilden Einkorns sind hoch und die Ähren schlank. Die Pflanze wächst eher langsam; sie keimt vor dem Winter, wird in milden Perioden des Winters langsam höher, ab dem Frühling etwas schneller. Die Ährchen, aus denen sich die Ähren zusammensetzen, enthalten in der Regel nur ein einziges, auffallend schlankes Korn, das von Spelzen fest umhüllt ist. An ihnen sitzt meist eine lange Granne. Sie ist mit Widerhaken besetzt, kann also gut im Fell von Tieren hängenbleiben. Wenn die Körner reif sind, kann die Ährenachse leicht zerbrechen, weil die Verbindungen zwischen den Ährchen, die Ährenachsenstücke, schmal sind.

VERBREITUNG

Wildes Einkorn kam ursprünglich nur in lichten Eichenwäldern im Bergland der südlichen Türkei und in den nördlichen Regionen Syriens, des Irak und des Iran vor. Es gedeiht nicht in völlig waldlosen, heißen und trockenen Gegenden und auch nicht in dicht geschlossenen Wäldern; es bevorzugt kalte Bergländer für sein Wachstum. Im Osten Anatoliens wurde Wildes Einkorn noch in einer Höhe von 2000 Metern über dem Meeresspiegel gefunden.

GESCHICHTE

Die ältesten archäologischen Funde von Körnern des Wilden Einkorns, die darauf hindeuten, daß sie als Nahrungsquelle gesammelt wurden, stammen aus dem Norden Syriens. Dort diente Wildes Einkorn schon vor zehn- bis zwölftausend Jahren der menschlichen Ernährung. Auch beim wilden Einkorn zielte die Selektion durch den Menschen darauf ab, die Ausbreitung von Pflanzen zu fördern, bei denen die Ährenachse breiter war und nicht so leicht auseinanderfiel wie bei wildem Einkorn: So entstand kultiviertes Einkorn.

Als Voraussetzung für den Anbau des Getreides außerhalb der Bergländer des Nahen Ostens mußten geeignete Standortbedingungen hergestellt werden. In den Tiefländern des Orients war die künstliche Bewässerung eine Voraussetzung für die Schaffung vieler Getreidefelder; auf dem Balkan, später auch in anderen Gegenden Europas mußten Wälder gerodet werden, bevor Getreidefelder angelegt werden konnten, damit die Getreidepflanzen genügend Sonne bekamen. Erst die ausreichende Versorgung mit Sonnenlicht und Wasser ermöglichte einen optimalen Ablauf der Photosynthese und somit einen Aufbau biologischer Substanz. In den neu entstandenen Getreidekulturen breitete sich wildes Einkorn aus; heute wächst diese Pflanze daher als Unkraut auf dem Balkan, in der europäischen Türkei, in Griechenland, Mazedonien und Bulgarien.

Wenn der April Spektakel macht, gibt's Heu und Korn in voller Pracht.

Einkorn

Triticum monococcum
ssp. monococcum

BOTANIK

Das kultivierte Einkorn unterscheidet sich nicht wesentlich vom Wilden Einkorn, aber die Ährenachse beim angebauten Einkorn zerbricht nicht so leicht wie bei der Wildpflanze, weil die einzelnen Teile der Ährenachse mit einer breiteren Naht aneinander hängen. Außerdem sind die Körner der Kulturpflanze größer, sie sind zwar etwa gleich breit wie die des wilden Einkorns, aber viel höher, so daß sie besonders schlank wirken. Aufgrund dieser Form (die sich von den meisten Getreidearten unterscheidet) liegen die Körner immer auf der Seite. Einkorn hat eine besonders zierlich wirkende Ähre.

Wenn man Einkorn drischt, zerbricht man die Ährenachse, löst aber die Körner nicht aus den sehr fest sitzenden Spelzen. Zur Aussaat kann man die bespelzten Körner verwenden, will man aber Mehl bereiten, muß man die Spelzen entfernen. Dieser Schälvorgang ist umständlich, aber beispielsweise dadurch möglich, daß man in einem Mahlwerk den Läuferstein leicht anhebt, so daß das Korn gerade eben zwischen die beiden Mühlsteine paßt. Dadurch platzen die Spelzen ab. Die harten Kieselbestandteile in den Spelzen schädigen das Gebiß der Menschen, weil sie härter als die Zähne sind; andererseits reinigen sie die Zähne aber auch und verhindern die Zahnsteinbildung.

GESCHICHTE UND VERBREITUNG

Die Spelzen schützen das Korn vor Beschädigung, vor allem vor Lagerschäden. In vorgeschichtlicher Zeit hat man Getreide in Erdgruben aufbewahrt. Unbespelzte Körner konnten leicht verderben, die bespelzten hielten sich besser. Einkorn, dessen Mehl besonders reich an Eiweiß ist und sich gut backen läßt, war eine der wichtigsten Getreidearten bei den ersten Ackerbauern im Nahen Osten. Dort entwickelte sich die Kulturpflanze etwa im 7. und 6. Jahrtausend v. Chr. durch Auslese aus der Wildpflanze und kam schon wenig später nach Europa. In der Jungsteinzeit, seit dem 6. Jahrtausend auf dem Balkan, seit dem 5. Jahrtausend v. Chr. auch in den Lößgebieten Mitteleuropas, wurde Einkorn viel angebaut. Seltener kam Einkorn am westlichen Mittelmeer vor. Gemeinsam mit Emmer, Erbse, Linse und Lein gehört Einkorn zu den meistverbreiteten Kulturpflanzen der Jungsteinzeit. Nach der Jungsteinzeit ging der Anbau überall stark zurück, wohl deswegen, weil ertragreichere Getreidearten wie zum Beispiel Dinkel zur Verfügung standen. Heute wird Einkorn nur noch in wenigen Regionen, vor allem in Gebirgen im Nahen Osten und im Mittelmeergebiet angebaut. Verhältnismäßig lange baute man Einkorn auch in manchen Weinbaugebieten an, nicht aber um das wenig ertragreiche Korn zu ernten, sondern um mit dem zähen Einkorn-Stroh Weinreben festzubinden.

Blüht vor Mai der Schlehendorn, reift noch vor Jakobi das Korn; blüht er aber spät im Mai, steht es schlecht um Korn und Heu.

Caltanisetta, Sonnabend den 28. April.

Heute können wir denn endlich sagen, daß uns ein anschaulicher Begriff geworden, wie Sizilien den Ehrennamen einer Kornkammer Italiens erlangen können. Eine Strecke, nachdem wir Girgenti verlassen, fing der fruchtbare Boden an. Es sind keine großen Flächen, aber sanft gegeneinander laufende Berg- und Hügelrücken, durchgängig mit Weizen und Gerste bestellt, die eine ununterbrochene Masse von Fruchtbarkeit dem Auge darbieten. Der diesen Pflanzen geeignete Boden so genutzt und so geschont, daß man nirgends einen Baum sieht, ja alle die kleinen Ortschaften und Wohnungen liegen auf Rücken der Hügel, wo eine hinstreichende Reihe Kalkfelsen den Boden ohnehin unbrauchbar macht. Dort wohnen die Weiber das ganze Jahr, mit Spinnen und Weben beschäftigt, die Männer hingegen bringen zur eigentlichen Epoche der Feldarbeit nur Sonnabend und Sonntag bei ihnen zu; die übrigen Tage bleiben sie unten und ziehen sich nachts in Rohrhütten zurück. Und so war denn unser Wunsch bis zum Überdruß erfüllt: wir hätten uns Triptolems Flügelwagen gewünscht, um dieser Einförmigkeit zu entfliehen.

Nun ritten wir bei heißem Sonnenschein durch diese wüste Fruchtbarkeit und freuten uns, in dem wohlgelegenen und wohlgebauten Caltanisetta zuletzt anzukommen, wo wir jedoch abermals vergeblich um eine leidliche Herberge bemüht waren. …

Girgent, Dienstag den 24. April

… Da es hier keine Gasthöfe gibt, so hatte uns eine freundliche Familie Platz gemacht und einen erhöhten Alkoven an einem großen Zimmer eingeräumt. Ein grüner Vorhang trennte uns und unser Gepäck von den Hausgliedern, welche in dem großen Zimmer Nudeln fabrizierten, und zwar von der feinsten, weißesten und kleinsten Sorte, davon diejenigen am teuersten bezahlt werden, die, nachdem sie erst in die Gestalt von gliedslangen Stiften gebracht sind, noch von spitzen Mädchenfingern einmal in sich selbst gedreht, eine schneckenhafte Gestalt annehmen. Wir setzten uns zu den hübschen Kindern, ließen uns die Behandlung erklären und vernahmen, daß sie aus dem besten und schwersten Weizen, grano forte genannt, fabriziert würden. Dabei kommt viel mehr Handarbeit als Maschinen- und Formwesen vor. Und so hatten sie uns denn auch das treffliche Nudelgericht bereitet, bedauerten jedoch, daß grade von der allervollkommensten Sorte, die außer Girgent, ja außer ihrem Hause nicht gefertigt werden könnte, nicht einmal ein Gericht vorrätig sei. An Weiße und Zartheit schienen diese ihresgleichen nicht zu haben.

Johann Wolfgang von Goethe, Italienische Reise

Wilder Emmer

Triticum dicoccoides

BOTANIK

Voraussetzung für die heutige Erscheinungsform des Emmers war eine Genom-Mutation, die unter anderem durch ultraviolette Strahlung ausgelöst werden kann. Die Wahrscheinlichkeit für das Auftreten von Genom-Mutationen ist in den Gebirgsregionen der Subtropen besonders groß, weil dort die UV-Einstrahlung besonders hoch ist und außerdem die gegenüber den umliegenden Flachländern höheren Niederschläge reichlicheren Pflanzenwuchs ermöglichen. Aus diesem Grund stammen die meisten Kulturpflanzen aus den subtropischen Gebirgen. Die Genom-Mutation muß sich aber ereignet haben, bevor die Entwicklung zur Kulturpflanze ablief. Der wilde Emmer besitzt sehr ähnliches genetisches Material wie der kultivierte Emmer – und noch einige weitere Weizenformen, nämlich Rauhweizen, Hartweizen, Polnischer Weizen und Persischer Weizen. Alle diese Formen von Weizen sind nahe miteinander verwandt und können fruchtbar miteinander gekreuzt werden. Sie können alle gemeinsam auch als eine einzige Pflanzenart aufgefaßt werden. Alle hier genannten später kultivierten Formen entwickelten sich aus dem wilden Emmer. Wilder Emmer hat dickere und schwerere Ähren als wildes Einkorn, denn in jedem Ährchen sitzen zwei Körner. Emmer wird daher auch Zweikorn genannt; der lateinische Name des Getreides bezieht sich ebenfalls auf die Zweikörnigkeit der Ähren. Wie bei anderen wilden Getreideformen zerbricht die Ährenachse, wenn die Körner reif sind; zuerst reifen die obersten, dann die darunter liegenden Körner; dadurch dauert der Prozeß des Zerbrechens der Ähre genauso lange wie der Reifeprozeß der Körner.

GESCHICHTE UND VERBREITUNG

Wilder Emmer wächst in gehölzarmen Steppen des Nahen Ostens, in denen niedrige Tabor-Eichen und andere Eichenarten vorkommen. Weil wilder Emmer nicht wie andere Wildformen von Getreide auch als Unkraut in Getreidefeldern wuchs, sondern stets nur dort, wo auch in Urzeiten Wildemmer vorgekommen war, läßt sich aus seinem Verbreitungsbild am besten ableiten, wo die Kultivierung von Getreide begonnen hat. Wilder Emmer findet sich besonders zahlreich in den Gebirgen Israels und des Libanon, seltener im Südosten Anatoliens, im nördlichen Irak und im Westen des Iran. Hier fielen die wild wachsenden Pflanzen den Menschen als mögliche Nahrungsquelle auf. Sie griffen vor allem nach solchen Pflanzen, bei denen die üblichen Wildpflanzenmerkmale am wenigsten ausgeprägt waren, bei denen also die Ährenachse weniger zerbrechlich war als bei anderen. Als Folge der Selektion durch die sammelnden Menschen, die schon vor mehr als zehntausend Jahren einsetzte, entwickelten sich allmählich immer mehr Kulturformen.

Ist der Brachmond (Juni) warm und naß, gibt's viel Korn und noch mehr Gras.

Emmer
Triticum dicoccon

BOTANIK

Emmer ist im allgemeinen empfindlich gegen Frost, treibt aber schon recht bald nach der Aussaat reife Körner hervor. Daher bringt man die Saat erst im Frühjahr aus und erntet die Körner im Hochsommer: Emmer ist ein typisches Sommergetreide, das man anstelle des Winterkorns Dinkel anbaute und daher auch „Sommerdinkel" nannte. Weil jeweils zwei Körner einander gegenüber in den Ährchen sitzen, sind reife Emmerähren schwerer als die des Einkorns und neigen sich zur Seite. Die fest von den Spelzen umschlossenen Körner sind breiter als hoch. Die Spelzen schützen sie während der Lagerung: Selbst in einer Erdgrube konnte man die Körner monatelang aufbewahren. Zur Mehlbereitung müssen sie aber aus den harten Spelzen geschält werden.

GESCHICHTE UND VERBREITUNG

Auch die Kulturpflanze Emmer entstand im Gebiet des „fruchtbaren Halbmondes" in den Bergländern des Nahen Ostens. Dort baute man kultivierten Emmer ab dem Ende des 8. Jahrtausends v. Chr. an. In den folgenden Jahrtausenden war Emmer eine sehr wichtige Brotgetreideart, weil der Eiweißgehalt sehr hoch ist. Emmer ist empfindlicher als Gerste gegen Bodenversalzung. Wenn künstliche Bewässerung in heißen Regionen zur Ansammlung von Salz an der Bodenoberfläche führte, kam der Emmeranbau zum Erliegen. Sehr gut gedieh er aber lange Zeit in den künstlich bewässerten Regionen am unteren Nil. Vielleicht gelang es dort, das Salz immer wieder auszuwaschen. Emmer war der legendäre „ägyptische Weizen" aus dem Alten Testament, den Joseph in den Speichern Ägyptens für Notzeiten lagerte und um den seine Brüder baten.

Emmer war eine der ersten Getreidearten, die nach Europa gelangten. Schon früh wurde er auf den Feldern des Balkans ausgebracht. Im 5. Jahrtausend v. Chr. wurde er eine der wichtigsten Kulturpflanzen auf der Iberischen Halbinsel, in der Kaukasus-Region und – gemeinsam mit Einkorn – in Mitteleuropa. Dort konnte man ihn anbauen, wenn man die Wälder rodete, so daß während der Sommermonate die warme Sonne bis an den Ackerboden vordringen konnte und sein Wachstum ermöglichte. Während der Anbau von Einkorn in Mitteleuropa bald stark nachließ, hielt sich Emmer als Kulturpflanze länger, besonders in Gebieten, in denen die Vegetationszeit kurz ist, also im Gebirge und am Rand von lange überfluteten Flußtälern. Noch zu Beginn des 20. Jahrhunderts baute man Emmer in Mitteleuropa an. Man kann darüber spekulieren, ob manche Gegenden ihren Namen erhalten haben, weil sie charakteristische Emmer-Anbaugebiete waren, beispielsweise das Tal der Emmer an der Weser, das hoch gelegene Ammergebirge oder das niedrig gelegene oldenburgische Ammerland. Diese Namen könnten sich auch auf ein altes Wort für Wasser beziehen; vielleicht aber hat andererseits auch der Emmer davon seinen Namen erhalten – als das Korn, das in den feuchten Regionen wächst, wo der Boden nur für einige Monate trocken genug für das Wachstum von Getreide ist.

BESONDERHEITEN

Bei der Benennung mit lateinischen Artnamen von Einkorn und Emmer war man nicht konsequent. Es heißt „monococcum" beim Einkorn, aber „dicoccon" beim Emmer; später versuchte man den scheinbar konsequenteren Namen „dicoccum" einzuführen, was nicht gelang, denn in der biologischen Systematik muß man immer den zuerst aufgeführten Artnamen verwenden, also „dicoccon".

Sollen gedeihen Korn und Wein, muß der Juni trocken sein.

Hartweizen

Triticum durum

BOTANIK

Der Hartweizen ist nahe mit dem Emmer verwandt; die Genetiker betrachten Emmer und Hartweizen als Unterarten derselben botanischen Art. Für die Bauern aber war der Unterschied zwischen Emmer und Hartweizen stets klar und wichtig. Beim Emmer werden die Körner fest von den Spelzen umschlossen; dagegen sitzen die Spelzen beim Hartweizen fester an den Halmen als an den Körnern, mit denen sie nur locker verbunden sind. Die „Sollbruchstellen" in den Ähren des Hartweizens liegen also nicht wie beim Emmer zwischen Spelzen und Ährenachse, sondern zwischen Spelzen und Körnern. Beim Dreschen lassen sich die Körner leicht aus den Spelzen herausholen: Sie fallen als nackte Körner aus den Ähren.

GESCHICHTE UND VERBREITUNG

Hartweizen entstand durch Auslese von Ähren mit nackten Körnern als vom Emmer abweichender Typ bereits in der Frühzeit des Ackerbaus im Nahen Osten. Seit dem 7. Jahrtausend v. Chr. wird Hartweizen dort angebaut. Mit dem sich ausbreitenden Ackerbau kam die Kulturpflanze bald ins gesamte Mittelmeergebiet. Sie ist frostempfindlich, und ihre Körner können nur unter trockenen Verhältnissen gelagert werden, weil sie nach dem Dreschen nur von einer dünnen Haut umgeben sind; deshalb avancierte Hartweizen zur typischen Brotfrucht in warmen und trockenen Gebieten.

Zeitweilig kam er aber auch nach Mitteleuropa. Die Bewohner der sogenannten Pfahlbausiedlungen an den Schweizer Seen, am Bodensee und in Oberschwaben bauten neben Nacktgerste den Hartweizen an. Hartweizen kann dorthin nur über die Vermittlung von Ackerbauern aus dem Mittelmeergebiet gelangt sein, denn zwischen dem Balkan und dem östlichen Alpenvorland kannte man keinen Hartweizen. Also läßt sich durch die Funde von Getreidekörnern nachweisen, daß die Bewohner der Ufersiedlungen an den Seen des Alpenvorlandes aus dem Mittelmeergebiet stammten oder von dorther ihr Getreide bezogen. Warm genug für den Anbau des kälteempfindlichen Korns war es in Südwestdeutschland und in der Schweiz. Wie aber gelang es, die nackten Körner während der feuchten Winter an den Seeufern zu lagern? Gruben ließen sich nicht graben, in denen Körner einen ganzen Winter wie in einer Rübenmiete aufbewahrt werden konnten. Möglicherweise lagerte man das Korn auf den Dachböden der Hütten.

Im Gebiet nördlich der Alpen gab man den Anbau von Hartweizen bald auf, doch der „Makkaroni-Weizen" blieb nicht nur das typische Getreide des Mittelmeergebietes; er wird heute auch in anderen Regionen der Erde mit einem mediterranen Klima angebaut, also im südlichen Nordamerika, in Südamerika und in Australien.

ANWENDUNG

Hartweizenmehl enthält besonders viel Eiweiß. Daher kann man aus Hartweizenmehl nicht nur Brot backen, sondern auch Nudeln herstellen, und zwar auch ohne Zusatz von Eiern. „Echte" italienische Nudeln sollten ja allein aus eiweißreichem Mehl bestehen, deshalb heißt der Hartweizen „Makkaroni-Weizen" (als solcher ist er besonders im englischen Sprachraum bekannt). Auffällig ist ferner das markige Stroh; aus ihm werden in der Toskana Hüte hergestellt.

> **Im Juni wird des Nordwinds Horn noch nichts verderben an dem Korn. Fällt Juniregen in den Roggen, so bleibt der Weizen auch nicht trocken.**

Rauhweizen

Triticum turgidum

BOTANIK

Der Rauhweizen hat praktisch die gleiche genetische Konstitution wie Emmer und Hartweizen; also gehören Emmer und Hartweizen aus genetischer Sicht zur gleichen Pflanzenart wie der Rauhweizen. „Triticum turgidum" ist auch der Name dieser gesamten Art, bei der dann Emmer und Hartweizen nur als Unterarten aufgefaßt werden.

Der Rauhweizen ist genauso wie der Hartweizen ein Nacktgetreide; besonders zutreffend werden diese Formen von Körnerfrüchten in der englischen Sprache „free threshing" genannt. Denn beim Dreschen zerbricht die Verbindung zwischen den Spelzen und den Körnern: Die nackten Körner fallen aus der Ähre. Rauhweizen und Hartweizen ähneln sich stark, jedoch ist beim Rauhweizen nicht der ganze Stengel markig. Ferner gibt es beim Rauhweizen eine merkwürdige Besonderheit: Die Ähre kann verzweigt sein. Diesen Weizen nennt man dann Osiris-Weizen oder Wunderweizen und hält ihn für besonders ertragreich, was jedoch bei genauerer Prüfung nicht zutrifft.

GESCHICHTE UND VERBREITUNG

Genauso wie der Hartweizen wird Rauhweizen vor allem am Mittelmeer angebaut; seine Körner sind von denen des Hartweizens nicht zu unterscheiden, so daß man aufgrund archäologischer Funde nicht feststellen kann, wo man die Pflanzen zuerst anbaute. Am Mittelmeer finden sich die Felder des Rauhweizens vor allem in der Nähe der Küste, weil Rauhweizen nicht nur ein warmes, sondern auch ein feuchtes Klima bevorzugt. Man brachte ihn sogar an die Südküste Englands, die ja einige Charakteristika mediterraner Regionen zeigt: Dort gibt es selten Frost, so daß dort auch eine ganze Reihe mittelmeerischer Gewächse wild wächst und man sogar Palmen auf den Promenaden der Isle of Wight, der großen Insel am Westausgang des englischen Kanals, bewundern kann. Weil Rauhweizen in dieser Region gut wuchs, nannte man ihn bald auch den „Englischen Weizen". In wintermildem Klima gelang auch anderswo ein Anbau von Rauhweizen, beispielsweise auf der nordfriesischen Insel Föhr.

Peter Paul (29. 6.) purzel, bricht dem Korn die Wurzel.

Polnischer Weizen

Triticum polonicum

Obwohl Polnischer Weizen anders aussieht als andere Triticum-Arten, ist er mit ihnen kreuzbar. Auch er gehört aus genetischer Sicht eigentlich in die Art Triticum turgidum. Entstanden ist der Polnische Weizen vielleicht durch eine genetische Veränderung von Hartweizen, mit dem er besonders nahe verwandt ist. Auffallend ist der kräftige Habitus der beinahe mannshoch werdenden Pflanze. Die lose in den Spelzen sitzenden Körner werden über einen Zentimeter lang. Auch die Spelzen sind auffallend groß. Bei reifen Pflanzen ähneln sie denen des Hafers und sind auch ähnlich papierartig dünn. Wie die Körner des Hartweizens lassen sich die des Polnischen Weizens gut zur Zubereitung von Makkaroni verwenden, weil sie sehr viel Eiweiß enthalten.

Seinen Namen trägt der Polnische Weizen aber zu Unrecht. Er wird in Polen nicht angebaut, und er ist dort auch nie ausgesät worden. Warum er so heißt, läßt sich nicht sagen. Sein Verbreitungsgebiet ist der Mittelmeerraum – etwa dasselbe Areal, in dem auch der Hartweizen auf den Feldern ausgebracht wird.

Vor finstrer Sonne in der Blüte der liebe Gott das Korn behüte!

Auch diesen Weizen kann man in die Pflanzenart „Triticum turgidum" einreihen. Die Pflanze ähnelt dem Hartweizen stark; sie bildet keine verzweigten Ähren wie der Rauhweizen. Angebaut wird der Persische Weizen nur in einem relativ kleinen Gebiet in den Bergländern des Nahen Ostens, in Kaukasien, Georgien, Armenien, im Osten Anatoliens und in den Bergen des Irak und des Iran. Aufgrund von Funden in dieser Region hat man ihn Persischen Weizen genannt. Besondere Bedeutung hat der Persische Weizen für die Pflanzenzüchtung, denn er ist völlig resistent gegen den Getreide-Mehltau und andere Pilze. Man bemüht sich daher bei der Pflanzenzüchtung immer wieder, Gene des Persischen Weizens, die gegen Pilzbefall resistent sind, in das genetische Material von Saatweizen einzubauen.

Persischer Weizen
Triticum carthlicum

Hat Margaret (20. 7.) keinen Sonnenschein, kommt das Korn nie trocken ein.

Khorassan-Weizen
Triticum turanicum

Der Khorassan-Weizen ist nahe mit dem Hartweizen verwandt. Auch er gehört in die Gruppe der Weizenformen, die man in der Art Triticum turgidum zusammenfassen kann. Man baut den Khorassan-Weizen vor allem in den Bergländern Südwestasiens an; seinen Namen erhielt er von einem seiner Anbaugebiete, das im Iran liegt.

Wenn der Juli die Ähren wäscht, klebt das Mehl an den Fingern fest.

Macha-Weizen
Triticum macha

Macha-Weizen ist eng verwandt mit dem Dinkel; er kann wie Dinkel in die Pflanzenart, deren lateinischer Name Triticum aestivum ist, gestellt werden. Beim Macha-Weizen sind wie beim Dinkel die Körner fest von den Spelzen umschlossen, so daß man die Körner nach dem Dreschen von den harten Spelzen abtrennen muß. Die Ähren des Macha-Weizens sind gedrungener als die des Dinkels, das heißt, die Abschnitte der Ährenspindeln zwischen den Körnern sind kürzer. Angeblich gibt es Pflanzen vom Macha-Weizen, deren Ähren sehr zerbrechlich sind, bei denen also die Ährchen von der Ähre herabfallen, wenn die darin enthaltenen Körner reif sind. Folglich könnte Macha-Weizen eine Wildform des Dinkels sein, was aber nicht geklärt ist.

Macha-Weizen kam schon vor 7000 Jahren im Westen Georgiens vor, wie durch Funde in prähistorischen Siedlungen festgestellt werden konnte. In Georgien hat man diesen dichtährigen Dinkel bis in das 20. Jahrhundert hinein immer wieder angebaut; heute allerdings ist der Anbau von Macha-Weizen wohl erloschen.

Bartholomä (24. 8.) kennt niemals Not, der Bauer backt schon neues Brot.

Dinkel
Triticum spelta

BOTANIK

Dinkel, in der Regel ein Wintergetreide, kann mit Saatweizen in die gleiche Art gestellt werden. Er hat ein charakteristisches Aussehen. Auf dem hohlen Halm befindet sich eine lange Ähre aus locker übereinander sitzenden Körnern, die unterschiedlich gefärbt sein können. Dinkel ist ein Spelzgetreide, beim Dreschen bleiben die Ährchen mit den fest aneinander haftenden Körnern und Spelzen erhalten, während die Ährenachse zerbricht. Die Ährchen, in denen zwei Körner enthalten sind (wie beim Emmer), bezeichnet man als Vesen.

GESCHICHTE UND VERBREITUNG

Dinkel ist offenbar aus einer Kreuzung von einem Weizen aus der Verwandtschaft von Emmer und Rauhweizen und dem Gras Aegilops squarrosa hervorgegangen. Dieses Gras wächst zwischen Transkaukasien und dem Iranischen Bergland. Folglich nimmt man an, daß dort die ersten Dinkelpflanzen vorkamen. In archäologischen Fundstellen in dieser Gegend hat man Dinkelkörner gefunden, die etwa 7000 Jahre alt sind. Damit konnte bestätigt werden, daß Dinkel aus dem Umfeld des Kaukasus stammt. Von dort gelangte er ins Gebiet westlich des Schwarzen Meeres, wo er etwa 1000 Jahre später erstmals auftrat. In Mitteleuropa kam er an der Wende der Jungsteinzeit zur Bronzezeit in zwei geographisch getrennten Gebieten vor: im Alpenvorland sowie in Jütland und Südschweden. Vor allem in Südwestdeutschland und in der Schweiz, aber auch in den Ardennen hielt sich der Anbau von Dinkel, dem „Schwabenkorn", bis auf den heutigen Tag. Nicht angebaut wurde Dinkel dagegen in Südeuropa. Offenbar lernten die Römer die Pflanze nordwärts der Alpen kennen. Sie nannten sie „spelta" nach dem germanischen „Spelz". In den letzten Jahren erlebt der Anbau von Dinkel eine gewisse Renaissance; in vielen Bäckereien kann man das gesunde Dinkelbrot kaufen.

ANWENDUNG

Die Vesen lassen sich auch unter primitiven Bedingungen lagern. Vor der Herstellung von Mehl müssen die Körner von den Spelzen befreit werden. Dieser sogenannte Gerbvorgang wird in einer speziell eingestellten Mühle durchgeführt: Der obere Mühlstein wird leicht angehoben, so daß die Körner gerade zwischen die beiden Mühlsteine passen. Es ist wichtig, daß die Körner vollkommen trocken sind, weil sie sonst nach dem Gerben miteinander – und wieder mit den Spelzen – verkleben. Drehen sich die Mühlsteine gegeneinander, platzen die Spelzen ab, und die Körner sind nackt. Durch Sieben oder Worfeln (Werfen gegen den Wind) werden die trockenen Körner von den trockenen Spelzen getrennt. Man nennt die Körner dann „Kern(en)". Unreifer entspelzter Dinkel ist der Grünkern, eine beliebte Suppeneinlage. Das Dinkelmehl ist reich an Eiweiß. Genauso wie aus Hartweizen kann man aus ihm Nudeln ohne Zusatz von Eiern machen, zum Beispiel schwäbische Spätzle und die Hüllen von Maultaschen. Außerdem eignet es sich gut zum Brotbacken.

BESONDERHEITEN

Immer schon hat man die Spelzen als Füllung von Kissen verwendet; die heute so beliebten Dinkelkissen, auf denen man besonders ruhig schlafen soll, sind also keine moderne Erfindung.

Willst du Korn im Überfluß, sä es um Ägidius (1. 9.); wenn du's säst ins freie Land vor und nach des Neumonds Stand, wächst kein Unkraut und kein Brand.

Saatweizen

Triticum aestivum

BOTANIK

Saatweizen ist eines der wichtigsten, wenn nicht überhaupt das bedeutendste Getreide der Welt. Daher nennt man ihn auch einfach nur Weizen. Dabei entsteht aber das Problem, daß sowohl die Pflanzenart Triticum aestivum Weizen genannt wird als auch die gesamte Gattung Triticum, zu der ja noch zahlreiche andere Formen von Weizen gehören. Um Verwechslungen zu vermeiden, wird hier von „Saatweizen" gesprochen, obwohl kaum jemand diese Bezeichnung im gängigen Sprachgebrauch verwendet, wo einfach von Weizen die Rede ist. Es gibt viele verschiedene Formen und Sorten: Sommer- und Winterweizen, unbegrannte Formen, die weit verbreitet sind, und begrannten Bart- oder Igelweizen. Allen gemeinsam ist, daß die Ähre recht dicht ist; bis zu vier Körner finden sich auf jeder Etage der Ähre, so daß die Ähren auch bei der Reife aufrecht stehen bleiben. Beim Dreschen fallen die nackten Körner aus den Spelzen, die mit der Ährenachse und dem Halm verbunden bleiben.

GESCHICHTE UND VERBREITUNG

Der Saatweizen enthält das genetische Material eines Weizens aus der turgidum-Gruppe, vielleicht vom Emmer, und vom Gras Aegilops squarrosa. Beide kamen erst in Kontakt, nachdem der Emmer zur Kulturpflanze geworden war und mit seinem Anbau im 6. Jahrtausend v. Chr. in Transkaukasien, im Verbreitungsgebiet von Aegilops squarrosa, begonnen wurde. Dort kam es zur Kreuzung zwischen Kultur- und Wildpflanze, aus der sofort eine weitere Kulturpflanze hervorging. Bei dieser Form von Weizen sind die Körner fest von den Ähren umschlossen; möglicherweise entstand zuerst Dinkel oder Macha-Weizen. Man weiß heute, daß zwei weitere Mutationen aufgetreten sein müssen, damit aus den bespelzten Formen der Saatweizen mit seinen nackten Körnern hervorgehen konnte. Im 6. oder 5. Jahrtausend v. Chr. gab es diese Pflanze zum ersten Mal als reines Kulturprodukt.

Die frühe Verbreitungsgeschichte des Saatweizens ist nur schwer zu rekonstruieren. Man geht heute davon aus, daß die Funde von Nacktweizenkörnern in vorgeschichtlichen Siedlungen Europas eher dem Hartweizen als dem Saatweizen zuzurechnen sind.

Weltwirtschaftlich große Bedeutung bekam Saatweizen in römischer Zeit. In den damals aufkommenden Getreidespeichern konnte man die empfindlichen Körner gut lagern. Mit den römischen Besatzern kam Saatweizen auch in die römischen Provinzen nördlich der Alpen. Dort verschwand Saatweizen aber mit dem Abzug der Römer wieder – bis zum späten Mittelalter oder zur frühen Neuzeit. Voraussetzung für seinen Anbau und seine Verwendung war erneut die Errichtung von Getreidespeichern, von großen Getreidemagazinen oder Fruchtkästen. Der Anbau von Weizen wurde immer bedeutender, vor allem auf fruchtbaren Lößböden und im „Weizengürtel" Nordamerikas. Um 1960 wurde der Anbau von Weizen in Mitteleuropa wichtiger als der des Roggens.

ANWENDUNG

Aus den stärkereichen Körnern mit ihrem recht hohen Kleberanteil (wenn auch nicht ganz so hoch wie bei Dinkel und Hartweizen) wird ein Mehl von hoher Qualität, bestens geeignet zum Brotbacken, gewonnen.

Die Wintersaat gar wohl gerät, wenn man um Matthäus (21. 9.) sät.

Getreideatlas

Indischer Kugelweizen

Triticum sphaerococcum

BOTANIK

Der Indische Kugelweizen, auch Indischer Zwergweizen genannt, hat ebenfalls recht dichte Ähren, die aber nicht ganz so kompakt sind wie diejenigen des Zwergweizens. Die Körner sind klein und beinahe kugelförmig. Indischer Kugelweizen ist nahe mit dem Saatweizen verwandt. Daher sollte man ihn aus genetischer Sicht in die Pflanzenart Triticum aestivum als Unterart einordnen. Der Indische Kugelweizen ist wohl durch eine Translokation im genetischen Material von Saatweizen entstanden. Bei dieser Form der Mutation zerbricht ein Chromosom; anschließend werden die herausgebrochenen Chromosomenteile an einer anderen Stelle wieder in ein Chromosom integriert. Die aus dem mutierten genetischen Material hervorgehenden Pflanzen nahmen ein anderes Aussehen an: Ihre Ähren waren dichter, und die Körner hatten eine kugeligere Form angenommen.

GESCHICHTE UND VERBREITUNG

Diese kugeligen Körner fanden sich bei Ausgrabungen in vorgeschichtlichen Siedlungen Nordwestindiens, die von den Archäologen in die Zeit um 4000 v. Chr. datiert werden. Man muß daher annehmen, daß die Mutation, als deren Folge Indischer Kugelweizen entstand, bereits vor mehr als 6000 Jahren stattgefunden hat. Seit dieser Zeit blieb das Verbreitungsgebiet des Indischen Kugelweizens strikt auf Indien und Pakistan beschränkt, besonders auf den Punjab, das fruchtbare Schwemmland am Fuß des westlichen Himalaja. Heute ist der Anbau von Indischem Kugelweizen stark im Rückgang begriffen. An seiner Stelle wird in Indien mehr und mehr Saatweizen angebaut.

Vor Michaeli (29. 9.) bis St. Gall (16. 10.) säe auf gar keinen Fall!

Besonders dichtährige Formen des Saatweizens, deren Ähren strikt aufrecht stehen, nennt man Zwergweizen oder auch Binkel. Die Körner des Zwergweizens sind beinahe kugelig; wie die Ähre wirken sie kompakt, wie auch der lateinische Name besagt. Man hat früher eine ganze Reihe von kugeligen Nacktweizenkörnern, die man bei Ausgrabungen in vorgeschichtlichen Siedlungen in Mitteleuropa fand, als Körner vom Zwergweizen bestimmt. Die Bestimmung dieser Körner ist aber außerordentlich kompliziert. Neuere Untersuchungen haben nun gezeigt, daß die früher als zum Zwergweizen zugehörig bestimmten Körner wohl vom Hartweizen stammen.

Saatweizenpflanzen mit kompakten Ähren tauchen immer wieder in Weizenfeldern spontan auf, in einigen Regionen baut man aber auch gezielt Sorten vom Zwergweizen an; bekannt ist Zwergweizen als Anbaupflanze vor allem in Afghanistan und im Nordwesten der Vereinigten Staaten von Amerika.

Zwergweizen

Triticum aestivum compactum

Gänsefußgras

Aegilops tauschii

Das Gänsefußgras ist sehr eng mit Triticum verwandt, weshalb die Genetiker es auch schon in diese Gattung eingeordnet haben; deshalb nennt man es auch Triticum tauschii. Das Gänsefußgras kommt ursprünglich aus Zentralasien; es wächst auch im Gebiet um den Kaukasus und im Iranischen Bergland. Zur eigentlichen Kulturpflanze wurde es nie; es blieb stets ein wildes Gras, dessen Körner von der Ähre fielen, wenn sie reif waren. Dennoch hat das Gänsefußgras eine für die Welternährung eminent wichtige Bedeutung erhalten, weil es bei der Entstehung des Saatweizens das D-Genom lieferte. Als man beim Anbau von Emmer oder auch von anderen Triticum-Arten in das Verbreitungsgebiet des Gänsefußgrases eingedrungen war, kam es zur Kreuzung. Erstmals entstand hexaploider Weizen in Emmerfeldern, in denen das sehr anpassungsfähige Gänsefußgras als Unkraut wuchs. Diese häufig auftretenden Kreuzungen kann man auch heute in den Getreidefeldern der Region immer wieder beobachten. Durch diese Einkreuzungen in den Saatweizen wurde er viel anpassungsfähiger.

Nahe Verwandte des Gänsefußgrases sollen durch Einkreuzungen auch für die Entstehung anderer Weizenarten verantwortlich gewesen sein. Mehrere Grasarten kommen dafür in Frage. Wie es dabei genau zuging, ist eine offene Frage der Forschung, es ist aber wahrscheinlich, daß auch diese Arten aus dem Nahen Osten stammen und daß es dort zur Entstehung von neuen Weizenformen gekommen ist. Ob diese „Spenderpflanzen" überhaupt noch existieren oder ob sie ausgestorben sind, ist nicht bekannt.

Sandhafer

Avena strigosa

BOTANIK

Der Sandhafer war ursprünglich eine kleinere Pflanze als der Saathafer. Während Saathafer weit über einen Meter hoch wurde, bevor die Züchtung zu Sorten mit kürzeren Halmen eingesetzt hatte, wird Sandhafer niemals über einen Meter hoch. Die Rispe, an der die Körner heranreifen, ist nach einer Seite gewendet; nur an dieser Seite finden sich Körner. Die Blätter des Sandhafers haben einen scharfen Rand, weshalb man die Pflanze auch unter dem Namen Rauhhafer kennt.

GESCHICHTE UND VERBREITUNG

Er stammt von einer Wildpflanze im Mittelmeergebiet ab; vor allem Hafervarietäten, die auf der Iberischen Halbinsel wuchsen, waren die Urformen des Sandhafers. Wann die Kulturpflanze entstand, ist völlig unklar. Wahrscheinlich geschah dies im Verlauf langer Zeit in den Kulturen anderer Getreidearten. Dort kamen Haferpflanzen wild vor und nahmen nach und nach immer mehr Kulturpflanzeneigenschaften an. Durch den erntenden Menschen wurden nur Körner eingebracht, die noch in den Rispen saßen. Sandhafer wurde mit der Zeit zu einer eigenständigen Kulturpflanze. Große Bedeutung erlangte sie aber nie. Ausgehend vom westlichen Mittelmeergebiet baute man Sandhafer zeitweilig auf armen Böden in Portugal, Wales, auf den Orkney-Inseln, in Ostfriesland und im Süden Finnlands an. Auch in einigen abgelegenen Alpentälern, im Schwarzwald und im Bayerischen Wald brachte man den Sandhafer aus. Belegt ist der Anbau dieser Haferart für das Mittelalter und die frühe Neuzeit, seit dem Anfang des 20. Jahrhunderts dürfte er überall eingestellt worden sein. Vielleicht aber findet man Sandhafer gelegentlich noch als Futtergetreide – hin und wieder kann er auch auf kleinen Ackerstreifen ausgesät worden sein, die man zur Fütterung des Wildes im Wald angelegt hat.

Wer den Hafer sät im Horn, der hat viel Korn; wer ihn sät im Mai, der hat viel Spreu.

Saathafer

Avena sativa

BOTANIK

Saathafer, eine ursprünglich hoch aufgeschossene Pflanze, ist eine Getreideart, bei der die Körner nicht in Ähren sondern in Rispen heranreifen. Diese sind reich verzweigt. Die reifen Körner bleiben bis zur Ernte in der Rispe – anders als bei wilden Haferarten, bei denen die Körner sofort, wenn sie reif sind, zu Boden fallen. Meist sind die Körner des angebauten Hafers fest mit den Spelzen verbunden, aus denen sie nach Ernte und Drusch erst herausgeholt werden müssen, um Haferflocken, Hafermehl und Hafergrütze herzustellen.

GESCHICHTE UND VERBREITUNG

Woher Saathafer ursprünglich kommt, ist nicht klar; vielleicht stammt er vom Taubhafer (Avena sterilis) ab, der als Wildpflanze und Unkraut im gesamten Mittelmeergebiet verbreitet ist. Körner dieser Pflanze wurden mit dem Getreide, in dem es wuchs, immer wieder mitgeerntet, und diese Körner fanden sich auch im Saatgut, das im folgenden Jahr wieder auf den Feldern ausgebracht wurde. Auch hier wurden bei der Ernte vor allem die Körner solcher Pflanzen herausgegriffen, die bis zur Ernte in der Rispe blieben. Nach und nach entstanden auf diese Weise durch Selektion Formen des Hafers mit Kulturpflanzenmerkmalen: Die reifen Körner fielen nicht zu Boden, und damit war in den Kulturen anderer Getreidearten die sekundäre Kulturpflanze Saathafer entstanden. Einzelne Körner vom Saathafer fanden sich bereits in Überresten jungsteinzeitlicher Getreidevorräte aus dem Osten Europas. In größerem Umfang angebaut wurde die Pflanze seit der vorrömischen Eisenzeit: in den feuchten Regionen rings um die Nordsee, später auch an der Ostsee, vor allem an den Unterläufen der großen Flüsse. Hafer ist empfindlich gegen Frost; er wird daher immer als Sommergetreide angebaut. Die Flußnähe garantiert ihm die für ein optimales Wachstum nötige Feuchtigkeit. Nordwestdeutschland wurde später Teil der „nördlichen Haferzone" Europas; Hafer wurde ein wichtiges Getreide im gesamten Gebiet zwischen Irland und dem europäischen Rußland.

ANWENDUNG

Haferprodukte sind sehr gesunde Nahrungsmittel, weil Hafer beispielsweise sehr reich an Vitaminen und ungesättigten Fettsäuren ist. Saathafer dient nicht nur der menschlichen Ernährung; er ist auch ein vorzügliches Viehfutter, das man vor allem Pferden vorlegt. Seltener angebaut wird Nackthafer, den man auch als eigene Pflanzenart führt (Avena nuda).

BESONDERHEITEN

Schon seit langem und bis in die heutige Zeit hinein baut man Hafer oft im Gemisch mit Hülsenfrüchten an, beispielsweise mit Erbsen, Ackerbohnen oder Wicken. Das aus diesen Kulturpflanzengemischen erzeugte Mehl eignet sich besser zum Brotbacken als das reine Hafermehl. Ferner ist das Körnergemisch ein noch besseres Viehfutter. Mischanbau von Hafer und Erbsen gab es bereits in der Römerzeit, wie sich jüngst bei Ausgrabungen im mutmaßlichen Schlachtfeld der Varusschlacht bei Kalkriese am Wiehengebirge nachweisen ließ: Dort fanden sich ganze Pflanzen von Hafer und Erbsen, die bis auf den heutigen Tag durch die giftigen Salze eines Metallgegenstandes wie frisch konserviert waren. Die Ranken der Erbsen waren um die Haferpflanzen geschlungen, so daß klar wurde: Beide Pflanzen standen auf dem gleichen Feld.

> **Zu Bartholomäus (24. 8.) sieh, da knickt der Hafer in die Knie. Wer Roggen hat, der sä, wer Grummet hat, der rech, wer Äpfel hat, der brech, wer Birnen hat, der rüttel, wer Zwetschken hat, der schüttel!**

Getreideatlas

Tef

Eragrostis tef

BOTANIK

Tef sieht von weitem ähnlich aus wie die Rispenhirse, ist aber eigentlich ein Ährenrispengras, denn an jedem Ast der Rispe befindet sich ein mehrblütiges Ährchen. Die Körner in den Ährchen sind nur stecknadelkopfgroß.

VERBREITUNG

Trotz bescheidener Erträge lohnt es sich, die Pflanze anzubauen: Tef ist das wichtigste Getreide der Eingeborenen Äthiopiens und Eritreas. Die Pflanze wird in Meereshöhen zwischen 1300 und 2800 Metern auf Feldern ausgebracht.

GESCHICHTE

Merkwürdigerweise ist die wildwachsende Pflanze, von der Tef abgeleitet ist, heute viel weiter verbreitet als die Kulturpflanze. Diese Wildpflanze ist das Behaarte Liebesgras (Eragrostis pilosa). Tef wurde früher nur als deren Unterart angesehen; heute bezeichnet man es als eigene Pflanzenart. Das Behaarte Liebesgras ist in den warmen Regionen außerhalb der engeren Tropen heute weltweit verbreitet. Allerdings dürfte das nicht immer so gewesen sein. Das Behaarte Liebesgras findet sich nämlich auf Sandwegen und zwischen Pflastersteinen, an Wuchsorten also, die es nur in einer von Menschen gestalteten Kulturlandschaft gibt. Wahrscheinlich ist es also erst vom Menschen in weite Teile der Welt gebracht worden.

In Äthiopien, wo die UV-Einstrahlung und daher auch die Mutationshäufigkeit sehr hoch sind, entwickelten sich Populationen des Liebesgrases unter dem Einfluß des Menschen zur Kulturpflanze Tef. Bei ihr bleiben die reifen Körner in den Ährchen, bis die Menschen zur Ernte kommen.

ANWENDUNG

Aus den Körnern von Tef wird Mehl zubereitet, das sich zu Brot verarbeiten läßt. Auch Bier läßt sich aus Tef herstellen.

Fingerhirse

Eleusine coracan

BOTANIK

Der Name umschreibt das Aussehen der Fruchtstände dieses Grases sehr treffend. Wie lange Finger stehen mehrere Ähren nebeneinander aufrecht an der Spitze der Pflanze. In den Ähren finden sich dicht gedrängt übereinander die einzelnen Ährchen, in denen jeweils einige Blüten und später länglichrunde Körner sitzen.

GESCHICHTE UND VERBREITUNG

Die Urform, aus der sich die Fingerhirse zum Kulturgetreide unter menschlichem Einfluß entwickelte, ist die verwandte Pflanzenart Eleusine africana, die in den afrikanischen Tropen, vor allem aber südlich des Äquators im Osten und Süden Afrikas vorkommt, wo sich vermutlich auch die Entwicklung von der Wildpflanze zur Kulturpflanze vollzog. Die Fingerhirse wird heute in vielen Gebieten Afrikas angebaut, vor allem zwischen Nigeria und Eritrea im Norden und Südwestafrika und Natal im Süden. Die Pflanze kann große Trockenheit ertragen und läßt sich hervorragend lagern. Bei den in den Hochländern angebauten Sorten werden die Körner von den Spelzen fest umschlossen. Es gibt aber auch Sorten mit nackten Körnern, die leichter zu verarbeiten sind. Interessant ist, daß die Fingerhirse (mit nackten Körnern) traditionell auch in Indien angebaut wird. Damit lassen sich frühe kulturelle und wirtschaftliche Kontakte zwischen Ostafrika und Indien belegen; es zeigt sich, daß der Ozean zwischen den Kontinenten schon frühzeitig von Seefahrern mit Booten oder Flößen befahren wurde und daß Pflanzen auf den Passagen mit dabei waren. Auch der Sesam kam beispielsweise so von einem Kontinent zum anderen – mit dem Resultat, daß man heute immer noch nicht genau weiß, ob der Sesam nun aus Ostafrika oder aus Südasien stammt. Auch im Falle der Fingerhirse wird von einigen Autoren nicht völlig ausgeschlossen, daß sie vielleicht doch aus Indien stammt und von dort erst nach Afrika gebracht wurde.

Reis
Oryza sativa

BOTANIK

Der Reis ist eine der wichtigsten Kulturpflanzen der Welt. Seine Bedeutung steigt noch, weil er das Grundnahrungsmittel in vielen Gegenden Süd- und Ostasiens ist, wo die Bevölkerung weiter stark zunimmt. Ganz entfernt ähnelt die Reispflanze dem Hafer; sie kann bis zu mannshoch werden. Auch die Blätter sind kräftig, bis zu 60 cm lang und 2 cm breit. An der bis zu 30 cm langen Rispe hängen kurz gestielte Ährchen, die jeweils ein Reiskorn enthalten. Es ist fest von den Spelzen umschlossen und enthält viel Stärke und wenig Eiweiß.

VERBREITUNG

Die enorme Biomasse einer Reispflanze entwickelt sich nur auf sehr fruchtbarem Boden. Am besten gedeiht der Wasserreis, der in flach überstaute Wasserbecken gepflanzt wird, die man entweder in Terrassen an Berghängen anlegt oder im fruchtbaren Marschland an Flußmündungen. Mit dem Wasser gelangen jede Menge Nährstoffe in die Reisfelder, und die dort lebenden Blaualgen können pro Jahr und Hektar bis zu 50 kg Stickstoff aus der Luft binden. Der Reis wird auf diese Weise ohne Arbeitsaufwand gedüngt. Andererseits erfordert der Bau der Wasserbecken und Terrassen viel Handarbeit. Reis kann auch auf dem Trockenen als Bergreis bis in eine Höhe von 2000 Metern angebaut werden, muß dann allerdings gedüngt werden.

GESCHICHTE UND ANWENDUNG

Reis stammt wohl von dem ausdauernden Gras Oryza rufipogon ab, das man in Südasien finden kann. Noch eine andere wild auftretende Pflanze könnte seine Stammform sein, die Pflanzenart Oryza nivara. Wahrscheinlich aber ist er aus Kreuzungen zwischen Oryza sativa und Oryza rufipogon hervorgegangen.

Wo die Reiskultivierung begann, läßt sich derzeit nicht sagen. Es gibt archäologische Funde von Reiskörnern sowohl aus China als auch aus Indien, die sechs- bis siebentausend Jahre alt sind. Die Reispflanze kam bereits in vorchristlicher Zeit bis ins Mittelmeergebiet; Reis war schon im alten Rom als Nahrungsmittel bekannt. Nördlich der Alpen aber wächst Reis nicht: Zum einen kann er Kälte nicht ertragen, zum anderen ist er eine sogenannte Kurztagpflanze, die nur dann wächst, wenn zur Vegetationszeit Tag und Nacht etwa gleich lang sind; wenn die Temperaturen nördlich der Alpen stimmen würden, sind die Tage zu lang. Im Mittelmeergebiet baut man seit römischer Zeit Wasserreis an, etwa in der Poebene, in der Camargue und in Südspanien. Wichtige Gerichte der mediterranen Küche bestehen aus Reis, zum Beispiel Risotto und Paella. Seit dem späten Mittelalter wird Reis wieder nach Mitteleuropa importiert, zunächst aus dem Mittelmeergebiet, heute vor allem aus Südasien und auch aus Amerika, wo Reis nun ebenfalls heimisch ist: Praktisch weltweit wird die Pflanze in den Tropen und Subtropen angebaut, in warmen Regionen mit kurzen Tagen und langen Nächten, und sowohl für die Zubereitung breiartiger Gerichte, aber auch von Reisbier und Reiswein verwendet.

BESONDERHEITEN

Das Entspelzen von Reiskörnern ist schwierig. Man muß sie regelrecht schälen; anschließend werden die Reiskörner im allgemeinen poliert, wobei die an Vitamin B1, B2 und B12 reiche sogenannte Silberschicht entfernt wird. Menschen, die sich ausschließlich von poliertem Reis ernähren, erkranken an der Vitamin-B-Mangelkrankheit Beriberi.

Afrikanischer Reis

Oryza glaberrima

Afrikanischer Reis ist offenbar eng mit dem asiatischen Reis verwandt. Möglicherweise brachten Menschen Reis aus Asien an die afrikanische Westküste, wo sie die Pflanzen anbauten und Typen von Pflanzen selektierten, die sich schließlich deutlich von denjenigen unterschieden, die im ursprünglichen Reis-Verbreitungsgebiet angebaut wurden. Also ist der afrikanische Reis vielleicht nur eine vom Menschen gezüchtete Abart vom asiatischen Reis. Afrikanischer Reis wird heute nur noch selten angebaut, weil asiatischer Reis ertragreicher ist.

Wilder Reis

Zizania aquatica

BOTANIK

Der sogenannte Wilde Reis hat kaum etwas mit dem Reis aus Südasien gemeinsam. Die beiden Pflanzen kommen aus ganz unterschiedlichen Regionen: Wilder Reis wächst im Gebiet der Großen Seen im Osten Nordamerikas. Seine Körner sind nicht länglich eiförmig wie die des „echten" Reises, sondern um einiges länger und schmäler. Allerdings gehören beide Pflanzen zu den Gräsern und gedeihen beide im Wasser besonders gut.

GESCHICHTE UND VERBREITUNG

Wilder Reis kommt an See- und Flußufern und in Sümpfen vor. Die Körner vom Wilden Reis wurden traditionell von den Ojibwa-Indianern gesammelt, die nicht seßhaft waren. Sie bezogen ihre Nahrung von dieser Pflanze, bevor sie eine Kulturpflanze geworden war. Sie streute ihre Körner aus, sobald sie reif waren; die Indianer sammelten sie, auch wenn die Ausbeute gering war. Beim Sammeln werden aber immer vor allem die Früchte herausgegriffen, die noch an der Pflanze hängen. Es kann also sein, daß die Entwicklung zur Kulturpflanze für den Wilden Reis begonnen hatte, als Menschen anfingen, die Körner zu sammeln. Heute versucht man durch moderne Züchtung, Pflanzen zu selektieren, bei denen die Körner bis zur Ernte an der Pflanze bleiben, und damit hat man schon recht guten Erfolg. Aber immer noch ist Wilder Reis eine Kulturpflanze in statu nascendi.

ANWENDUNG

Die Körner vom Wilden Reis kann man hin und wieder auch in Mitteleuropa im Angebot von Läden finden. Die Körner lassen sich ähnlich wie Reis zubereiten, vor allem zu breiartigen Speisen, und schmecken auch ähnlich wie ihr so ferner angeblicher Verwandter.

Rispenhirse

Panicum miliaceum

BOTANIK

Rispenhirse wird knapp einen Meter hoch. An der Spitze der Pflanzen befindet sich eine bis zu 20 Zentimeter lange, weit verzweigte Rispe mit zahlreichen kleinen Körnern; der lateinische Name (von „mille", also tausend, abgeleitet) suggeriert, es seien tausend pro Pflanze. Jedenfalls dürfte die Rispenhirse ebenso viele Körner besitzen wie der Tausendfüßler Beine. Die sehr frostempfindliche Pflanze darf erst dann auf den Feldern ausgebracht werden, wenn unter keinen Umständen mehr Frost droht. Weil Rispenhirse mit 60 bis 90 Tagen nur eine außergewöhnlich kurze Entwicklungsdauer von der Aussaat bis zur Ernte benötigt, kann man sie im Hochsommer ernten, wenn sie im Mai gesät worden ist.

VERBREITUNG

Obwohl die Rispenhirse in Mitteleuropa nicht mehr angebaut wird, ist sie hierzulande wohlbekannt; daher nennt man sie auch einfach „Hirse". In vielen Märchen ist von dem aus ihr zubereiteten Brei die Rede, der in früheren Jahrhunderten eine sehr wichtige Speise war, besonders für die Armen.

GESCHICHTE

Die frühe Geschichte der Rispenhirse ist noch nicht vollständig geklärt. Man nimmt an, daß einzelne Pflanzen des in Zentral- und Ostasien wachsenden Grases Panicum spontaneum in Kultur genommen wurden, und zwar wohl im Norden Chinas oder in der Mongolei. Rispenhirse muß dort schon vor mehr als 7000 Jahren angebaut worden sein. In Vorderasien war sie zunächst nicht bekannt, in Ost- und sogar Mitteleuropa dagegen bereits im 5. Jahrtausend v. Chr. Die ersten Ackerbauern bauten sie in diesen Regionen gemeinsam mit Getreidearten aus dem Nahen Osten an, beispielsweise mit Gerste, Einkorn oder Emmer. Die Landwirtschaft im Osten Europas erhielt also nicht nur aus dem Vorderen Orient, sondern auch aus Zentralasien Kulturpflanzen. Die frühen Funde der Rispenhirse belegen, daß es bereits vor 7000 Jahren wirtschaftliche Kontakte zwischen dem Fernen und Mittleren Osten, Ost- und Mitteleuropa gegeben haben muß. In der Bronzezeit, im 2. Jahrtausend v. Chr., wurde die Rispenhirse zu einer der wichtigsten Getreidearten in Mitteleuropa. Sie wurde in dieser Zeit auch in Norditalien und auf dem Balkan bekannt und erst Jahrhunderte später im Nahen Osten. Vielleicht diente die Rispenhirse nicht immer der menschlichen Ernährung, sondern auch als Viehfutter. Dazu eignet sie sich bestens. Rispenhirse könnte auch gemeinsam mit Hülsenfrüchten wie Ackerbohne, Erbse und Linse kultiviert worden sein, um aus dem Gemisch von beiden Brot backen zu können. Im Mittelalter wurde Rispenhirse zum Getreide des kleinen Mannes, aber auch auf der Tafel höher stehender Bürger war sie geschätzt. Ihr Anbau ging später drastisch zurück oder wurde sogar eingestellt, weil seit dem 19. Jahrhundert mehr und mehr Kartoffeln statt Hirse angebaut wurden und immer mehr Reis nach Mitteleuropa importiert wurde. Rispenhirse wird heute noch in der mutmaßlichen Urheimat der Pflanze, in Zentral- und Ostasien, angebaut, aber auch in Osteuropa und auf dem Balkan.

ANWENDUNG

Hirsemehl ist im allgemeinen arm an Kleber, so daß daraus kein Brot, sondern Fladen und der erwähnte Brei zubereitet werden können. In Asien gibt es aber auch Kleberhirsen, deren Mehl sich zum Brotbacken eignet. In Osteuropa setzt man auch ein Bier aus Hirsemehl an, das man Braha oder Braga nennt.

Bringt das Christkind Kält' und Schnee, drängt das Winterkorn in d'Höh.

Kutki-Hirse

Panicum sumatrense

Der lateinische Name ist irreführend; Kutki-Hirse kommt zwar auf Sumatra, einer Insel Indonesiens, vor, nicht aber als Kulturpflanze. Die Wildform, die als Unterart psilopodium in der botanischen Systematik geführt wird, wächst auch westlich Sumatras, und zwar im Bereich des indischen Subkontinentes und seiner Nachbarländer. In Südasien wird die Unterart sumatrense, also die Kulturpflanze Kutki-Hirse, auf Feldern angebaut. Die ganzen Körner der Pflanzen werden wie Reis zubereitet und gegessen; man kann sie auch vermahlen, um Mehlspeisen herzustellen.

Es gibt noch etliche weitere Pflanzenarten aus der Gattung Panicum, die in den unterschiedlichsten Regionen der Welt angebaut werden. Die auch Sauwi genannte Sowi-Hirse bauen die Warihio- und Cocopa-Indianer im Nordwesten Mexikos als Körnerfrucht an. Mehrere weitere Arten werden als Futtergräser ausgebracht und geerntet.

Sawahirse

Echinochloa frumentacea

Die Sawahirse oder Weizenhirse wächst von allen Hirsesorten am schnellsten. Schon sechs Wochen nach der Aussaat kann man die Körner ernten. Sie ist daher prädestiniert für den Anbau in Regionen, in denen die Vegetationszeit sehr kurz ist. Man findet sie auf Feldern in trockenen Gebieten Indiens und Zentralasiens. In anderen Teilen der Welt wird sie nicht als Getreide, sondern lediglich als Futterpflanze angebaut.

In noch trockeneren Regionen gedeiht die Körnerpflanze Echinochloa turneriana, vor allem in Australien. Ihre Felder müssen nur ein einziges Mal gewässert werden; die Feuchtigkeit reicht dann für das gesamte Wachstum der Pflanze von der Aussaat bis zur Ernte. Die Japanische Hirse (Echinochloa utilis) findet man nicht nur in Japan, sondern in Kultur auch andernorts in Ostasien. Die Pflanze ist nahe verwandt mit der Hühnerhirse (Echinochloa crusgalli), die in Mitteleuropa als Unkraut bekannt ist. Die Körner der Schamahirse (Echinochloa colona), die mit der Sawahirse nahe verwandt ist, werden in Indien von den Armen gesammelt. Alle diese Pflanzen stammen ursprünglich aus Ostasien.

Weitere Mitglieder der Pflanzengattung Echinochloa sind zum Teil wichtige Futtergräser.

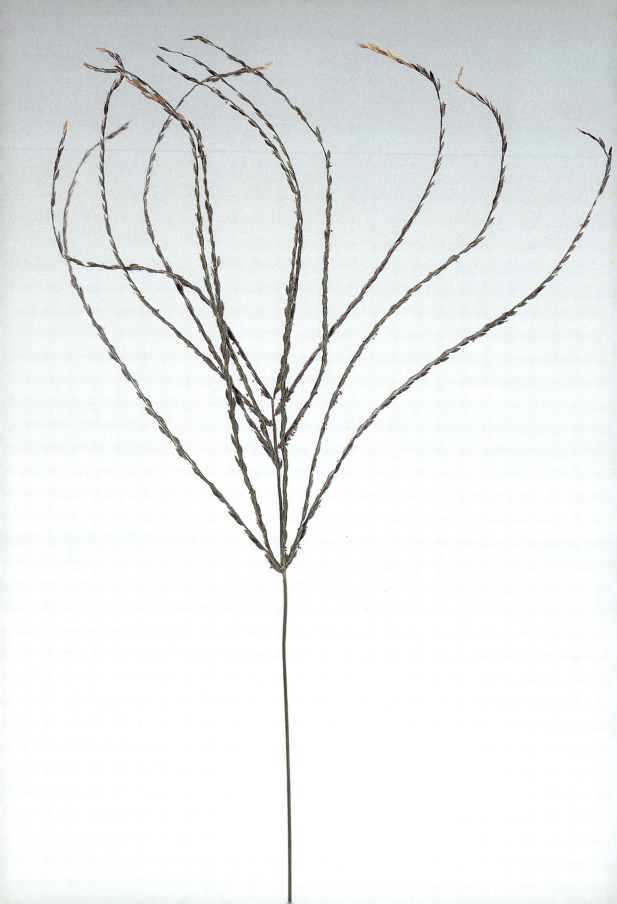

Bluthirse

Digitaria sanguinalis

BOTANIK

Die Bluthirse ist nahe mit der Rispenhirse verwandt. Man hat sie deshalb auch schon in deren Gattung eingeordnet, als Panicum sanguinale. Bluthirse unterscheidet sich trotzdem deutlich von der Rispenhirse. Die Pflanze ist relativ klein, im allgemeinen nicht höher als 30 bis 50 cm. Die Stengel stehen nicht aufrecht, sondern liegen in ihren unteren Partien dem Boden an. Am Boden verzweigt sich die Pflanze. An der Spitze ihrer Triebe befinden sich mehrere ährenähnliche Fruchtstände, die aufrecht vom Stengel abstehen. Die Körner wurden in der Gelbreife geerntet, also bevor sie ganz reif waren, um zu vermeiden, daß die Körner aus den Fruchtständen zu Boden fielen. Deshalb ist Bluthirse eigentlich nicht als Kulturpflanze anzusehen, sondern lediglich als angebaute Wildpflanze. Das wichtigste Merkmal der Kulturpflanzen, die Beständigkeit der reifen Körner in den Ähren, tritt bei der Bluthirse nicht auf.

VERBREITUNG

Bluthirse kommt in Mitteleuropa als Unkraut vor; sie ist so gut wie überall in den gemäßigten Breiten der Erde anzutreffen. In den Tropen, wo die Tage das ganze Jahr über etwa gleich lang sind, wächst sie nicht. In der Vegetationsperiode bräuchte die Bluthirse längere Tage, die es nur außerhalb der Tropen gibt. Bluthirse wurde als Kulturpflanze vor allem in Südosteuropa, aber auch in Indien angebaut.

GESCHICHTE

Wo die Kultivierung der Pflanze begann, in Europa oder Asien oder in beiden Anbaugebieten unabhängig voneinander, weiß man nicht. Wahrscheinlich liegt die Heimat der Pflanze eher in Illyrien auf dem Balkan. Lange hat man die Körner der dort wachsenden Wildpflanzen lediglich gesammelt. Der Anbau auf Feldern begann erst spät. Als Kulturpflanze der Südslawen kam Bluthirse in ganz oder teilweise slawisch besiedelte Regionen Mitteleuropas, so in die Oberlausitz und die daran grenzende Görlitzer Heide, nach Böhmen, in die Untersteiermark und nach Kärnten; auch auf dem Balkan wurde sie bis in die jüngste Vergangenheit hinein angebaut. Heute dürfte man den Anbau der wenig ertragreichen Pflanze so gut wie überall aufgegeben haben.

ANWENDUNG

Die Körner wurden nach der Ernte sofort gedroschen und gestampft, um sie von den Spelzen zu befreien. Sie konnten dann zu Grütze verarbeitet werden, oder man nahm sie als Suppeneinlage.

BESONDERHEITEN

Einige mit der Bluthirse verwandte Pflanzenarten werden in anderen Regionen als Getreide angebaut. Iburu (Digitaria iburua) und Fonio (Digitaria exilis) werden von einigen westafrikanischen Stämmen als Körnerfrüchte kultiviert, Digitaria cruciata im asiatischen Khasia-Gebirge. Interessant sind die Umstände, unter denen traditionellerweise Fonio angebaut wird. Die Pflanze liefert nur geringe Erträge, doch sind in Westafrika viele Menschen davon überzeugt, daß Fonio ein ausgezeichnetes Getreide sei. Man baut es als „prestige crop", als „Prestige-Getreide", an und unterstreicht die besondere Bedeutung seines Anbaus durch die Bezeichnung „chief's crop". Offenbar ist der Anbau von Fonio bei den Liebhabern des Getreides traditionell tief verwurzelt, so daß sich keiner dazu entschließen mag, auf dieses eigentlich wenig nützliche Korn zu verzichten.

Kolbenhirse
Setaria italica

BOTANIK

Von den Kulturpflanzenarten aus der Gattung Setaria ist die Kolbenhirse zweifellos die wichtigste. Sie ist kräftiger als andere Hirsearten. Sie wird bis über einen Meter hoch, und ihr Stengel steht steif aufrecht. Der Fruchtstand mit sehr vielen kleinen Körnern sieht aus wie ein Kolben, ist aber eigentlich eine Rispe mit kurzen Rispenästen. Die körnerreiche Rispe ist so schwer, daß sie den Stengel vornüber hängen läßt.

GESCHICHTE UND VERBREITUNG

Wie bei vielen anderen Hirsearten ist die frühe Geschichte der Kolbenhirse noch weitgehend unerforscht. Die mit ihr am nächsten verwandte Wildpflanze ist Setaria viridis, die in Eurasien als Unkraut vorkommt. Wo man diese Pflanzen zum ersten Mal anbaute und wo man begann, Pflanzen zu selektieren, bei denen die reifen Körner nicht zu Boden fallen, weiß man nicht. Dies könnte in China gewesen sein, aber auch in Afghanistan oder in einer anderen Region Zentralasiens.

Nach Europa kam die Kolbenhirse auf ganz anderen Wegen als die Rispenhirse, obwohl beide Pflanzenarten ursprünglich etwa die gleiche Heimat gehabt haben könnten. Kolbenhirse gelangte zunächst ins Mittelmeergebiet, wo sie seit der Bronzezeit zeitweise viel angebaut wurde. Weil Italien eines ihrer traditionellen Anbaugebiete wurde, erhielt die Pflanzenart den lateinischen Namen „italica". Nach Mitteleuropa wurde sie zum ersten Mal an der Wende der Bronze- zur Eisenzeit in großem Ausmaß eingeführt. Mit anderen kulturellen Einflüssen gelangte sie aus dem Mittelmeergebiet in den Norden. Im Schweizer Alpenvorland und in Südwestdeutschland wurde Kolbenhirse damals oft gemeinsam mit der Rispenhirse angebaut. Später kultivierte man Kolbenhirse gelegentlich auch in anderen Gebieten Mitteleuropas; offenbar aus klimatischen Gründen blieb der Anbau aber vor allem auf wärmere Regionen beschränkt. Heute findet man sie besonders in ihrem Ursprungsgebiet und in dessen Nachbarregionen auf den Feldern, im Gebiet zwischen China, Afghanistan und Indien.

ANWENDUNG

Man bereitet vor allem Brei und Fladen aus dem Mehl zu. Weil das Mehl genauso wie das der Rispenhirse bei den meisten Sorten arm an Kleber ist, kann man kein Brot daraus backen. In Zentralasien gibt es jedoch – wiederum ähnlich wie bei Rispenhirse – Sorten der Pflanze mit einem größeren Anteil an Kleber, so daß sich ihr Mehl auch zum Brotbacken eignet.

Die sogenannten Kolben, die der Pflanze ihren Namen gaben, sind allgemein bekannt: Sie sind nämlich ein beliebtes Vogelfutter, das Zimmervögeln in den Käfig gehängt wird.

Bur

Setaria verticillata

BOTANIK

In Afrika nennt man die Pflanze Bur, bei uns Wirtel-Borstenhirse oder Klebgras. Der zuletzt genannte Name nimmt auf eine auffallende Eigenschaft Bezug. An der Rispe sitzen rauhe, abwärts gerichtete Borsten, die in der Kleidung oder auch im Fell von Tieren hängenbleiben können. Diese Borsten dienen der Verbreitung der Pflanze „in freier Wildbahn". Die Körner werden auch bis heute immer wieder mit Wolle verschleppt; sie können auf diese Weise im Zeitalter globaler Handelsbeziehungen weltweit verbreitet werden und beispielsweise in der Nähe von Wollwäschereien auflaufen. Die kolbenähnliche Rispe ist schmäler als bei der Kolbenhirse und besitzt auch weniger Körner. Sie ist daher nicht so schwer und steht bei der Reife steif aufrecht.

VERBREITUNG UND ANWENDUNG

Das Gebiet zwischen Afrika und Malaysia dürfte das ursprüngliche Verbreitungsgebiet der Pflanze sein. In Afrika wird Bur als Getreide kultiviert. Dort nimmt man die Körner auch zum Bierbrauen.

BESONDERHEITEN

Einige verwandte Pflanzenarten wurden oder werden in eng umgrenzten Regionen der Erde ebenfalls angebaut. Die Setaria pallidifusca ist ein Getreide Kameruns. In Notzeiten sammelt man ihre Körner auch in Indien. Dort und auf Java baut man gelegentlich Setaria glauca als Körnerfrucht an; diese Pflanzenart findet man in Mitteleuropa als Unkraut. Setaria geniculata schließlich wurde in prähistorischer Zeit in Mexiko in Kultur genommen; die Pflanze wurde möglicherweise vom weitaus ertragreicheren Mais aus den Anbauinventaren der indianischen Ackerbauern verdrängt.

Perlhirse

Pennisetum americanum

BOTANIK

Die Rispe der Perlhirse, die man auch Negerhirse nennt, zeichnet sich durch sehr kurze Seitenäste aus, an denen die einzelnen Ährchen mit den Körnern sitzen. Der gesamte Fruchtstand sieht daher wie ein walzenförmiger Kolben aus.

GESCHICHTE UND VERBREITUNG

Der lateinische Artname der Perlhirse erweckt einen falschen Eindruck, was die Herkunft und den Anbau betrifft, die Pflanze ist nämlich in Afrika heimisch. Sie stammt wie sehr viele andere Kulturpflanzen aus den Subtropen, aus dem Gebiet also, wo die Sonneneinstrahlung sehr hoch ist und daher häufig Mutationen durch UV-Licht ausgelöst werden. Die Subtropen Afrikas sind aber in der Regel keine günstigen Standorte für das Wachstum von Pflanzen; hier ist es außerordentlich trocken, und der größte Teil der Subtropen von Afrika nördlich des Äquators wird von der vegetationsfeindlichen Wüste Sahara eingenommen. Im Übergangsgebiet zwischen Tropen und Subtropen, ganz am südlichen Rand des Wüstengebietes, wo bereits lockere Vegetation zu finden ist, dürfte die Heimat der Perlhirse liegen. Dort soll die Kultivierung der Pflanze bereits vor vier bis fünf Jahrtausenden begonnen haben. Seitdem sind sehr zahlreiche Formen von Perlhirse entstanden, die gelegentlich als eigene Pflanzenarten angesehen werden. Bereits in der Zeit um Christi Geburt wurde Perlhirse von Afrika aus nach Indien gebracht, und zwar entweder über Arabien, wo die Pflanze auch angebaut wird, oder über das Meer. Später gab es Felder der Perlhirse auch in Burma. Bis heute ist Perlhirse ein sehr wichtiges Getreide im gesamten Bereich der Tropen und Subtropen der alten Welt, also in Afrika und Asien.

ANWENDUNG

Das sehr stabile Stroh ist ein wichtiges Rohmaterial für den Bau von Zäunen und zum Dachdecken. Aus den Körnern werden Mehlspeisen bereitet: wegen des geringen Kleberanteils im Mehl kein Brot, aber Grütze und Brei. Auch Bier läßt sich aus den Körnern der Perlhirse brauen.

BESONDERHEITEN

Zwei Verwandte der Perlhirse sind weitere Arten von Kulturpflanzen. „Alula" nennt man die Getreideart Pennisetum setaceum, die in Äthiopien angebaut wird. Auf der japanischen Insel Kyushu kultivierte man früher das Getreide „Chikara-shiba", das von den Botanikern als Pennisetum alopecuroides ins System der Pflanzen gestellt wird.

Mohrenhirse

Sorghum ssp.

BOTANIK

Neben der im Anschluß beschriebenen Zuckerhirse, die als Kulturpflanze, nicht aber als Getreide eine eigenständige Bedeutung hat, gibt es in der Gattung Sorghum auch zahlreiche Formen von Getreide. Insgesamt sind die Sorghum- oder Mohrenhirsen nach Weizen, Reis und Mais das viertwichtigste Getreide der Welt. Wie die Zuckerhirse sind alle ihre Formen kräftige Pflanzen, die einige Meter hoch werden können.

ALLGEMEINE VERBREITUNG

In ihren großen Blättern kann die Photosynthese auf Hochtouren laufen; allerdings ist Wasser dafür oft der limitierende Faktor, denn die Mohrenhirsen gedeihen vor allem in den Trockengebieten der Erde. Sie kommen noch mit jährlichen Niederschlagsmengen von 400 bis 700 Millimetern aus; besser wachsen sie natürlich, wenn die Niederschlagsmengen größer sind. Stärkeres Wachstum bedeutet aber nicht immer, daß dabei auch besonders große und zahlreiche Körner gebildet werden. Eher das Gegenteil läßt sich beobachten. Die Pflanzen in den Trockengebieten bringen besonders viele oder besonders große Körner hervor. Dort ist die Chance dafür, daß Körner geeignete Keimungsbedingungen vorfinden, kleiner als in Feuchtgebieten. Wenn wenigstens einige von zahlreichen Körnern keimen können, bleibt die Pflanzenart erhalten. Begünstigt bei der Keimung sind auch Körner, die besonders groß sind, also viele Nährstoffe enthalten: Aus ihnen können bei geeigneten Keimungsbedingungen rasch Wurzeln, Blätter und Stengel aufgebaut werden.

Der Name Mohrenhirse nimmt auf die Heimat der Pflanzen Bezug; viele Formen werden seit langer Zeit nur in eng umgrenzten Gebieten Afrikas auf Feldern angebaut. Hier sollen kurz diejenigen Formen aufgeführt werden, die auch in anderen Regionen der Welt als Körnerfrucht angebaut werden.

DIE EINZELNEN ARTEN

Sorghum bicolor findet man auf Feldern im Sudan und im Tschad, also im östlichen Savannenbereich Afrikas, nicht aber weiter ostwärts, in Äthiopien. Das nahe verwandte Sorghum exsertum wird weiter westlich, in Nigeria und Benin, angebaut. Sorghum splendidum, dessen Körner einen hohen Klebergehalt aufweisen und dessen Mehl daher sehr gut zum Brotbacken geeignet ist, findet sich auf Feldern in den trockenen Gebieten Südostasiens. Diese Formen der Mohrenhirse sind einstmals von Afrika nach Asien gelangt und haben sich dort unter dem Einfluß des Menschen eigenständig weiterentwickelt. Auch das nahe verwandte Sorghum nervosum wird in Ostasien auf Feldern ausgebracht; es ist das wohl wichtigste Getreide im Nordosten Chinas. Alle diese Formen der Mohrenhirse sind nahe mit der Zuckerhirse verwandt.

Sorghum guineense, Sorghum margaritiferum, Sorghum conspicuum und Sorghum gambicum sind ertragreiche Formen der Mohrenhirse. In den trockenen Regionen werden ihre Körner besonders groß, kleiner bleiben sie in den Randgebieten des tropischen Regenwaldes. Sorghum guineense findet man vor allem auf Feldern im westlichen tropischen Afrika, aber auch in Uganda. Sorghum margaritiferum wird weiter im Nordosten, eher am Rand der Tropen, ausgebracht, und zwar in einem Gürtel von Gambia bis Nord-Nigeria. Sorghum conspicuum ist eine Form, die man vor allem im Osten Afrikas findet, zwischen Kenia und Moçambique. Sorghum gambicum wird, wie der Name sagt, vor allem in Gambia angebaut. Die dunklen Körner dieser Mohrenhirse werden vor allem zum Bierbrauen verwendet.

Weitere Formen der Mohrenhirse haben besonders dichte Rispen in den trockenen Gegenden und eher lockere in den feuchten. Wegen der großen Körner wird Sorghum caudatum außer in Afrika auch in Amerika und Indien angebaut. Eine Form dieser Mohrenhirse liefert einen roten Farbstoff. Aus den oft bitteren Körnern von Sorghum nigricans bereitet man vor allem Bier zu; es wird aber auch Mehl erzeugt.

Sorghum coriaceum und Sorghum caffrorum ergeben ein sehr gutes Mehl. Sie werden vor allem im tropischen Ostafrika und südlich des Äquators ausgebracht.

Sorghum durra und Sorghum cernuum werden hauptsächlich in den islamischen Ländern Nordafrikas und des Nahen Ostens angebaut, wobei Sorghum cernuum im eigentlichen Ursprungsgebiet, in Afrika, inzwischen seltener gezogen wird als in asiatischen Ländern.

Von den vielen weiteren Formen der Mohrenhirse sollen noch genannt werden: Sorghum melaleucum, vereinzelt im Sudan angebaut, bringt große Körner hervor, aus denen man ein sehr gutes Mehl gewinnt. Sorghum basutorum baut man im südafrikanischen Lesotho an, Sorghum miliiforme selten in Kenia, häufiger in Indien, Sorghum simulans in Malawi und Äthiopien, Sorghum rigidum im Sudan, Sorghum subglabrescens in Ostafrika und Arabien, Sorghum dulcicaule im Kongo, Sorghum roxburghii in Ostafrika, von wo aus die Kulturpflanze auch nach Südasien gebracht wurde, wo man sie ebenfalls aussät.

Die Fülle verschiedener Formen der Mohrenhirse ist insgesamt kaum zu überblicken. Dargestellt wurden die Formen hier nach den Vorschlägen in Mansfelds Kulturpflanzenverzeichnis. In anderen Büchern findet man andere Gliederungsversuche der Gattung. Sicher sind noch zahlreiche Untersuchungen erforderlich, um Biologie, Herkunft und Geschichte dieser auch für die Ethnologie so wichtigen Getreidegattung genauer kennenzulernen.

Zuckerhirse

Sorghum saccharatum

Wie alle anderen Sorghum-Hirsen ist auch die Zuckerhirse eine außerordentlich hoch aufschießende Pflanze: Sie kann eine Höhe von bis zu sieben Metern erreichen. Die Blätter sind ebenfalls riesig, fast einen Meter lang und zehn Zentimeter breit – für ein Gras sind das ungewöhnliche Dimensionen. Die Zuckerhirse wird nur selten ihrer Körner wegen angebaut, die an einer annähernd dreieckig ausgebreiteten Rispe heranreifen, sondern vor allem wegen des zuckerreichen Marks. Genauso wie aus Zuckerrohr kann man aus Zuckerhirse Sirup gewinnen, den Grundstoff für die Zuckerherstellung. Zuckerhirse stammt wie alle anderen Sorghum-Hirsen aus Afrika; sie wird heute häufig in Afrika, Amerika, Ost- und Südasien angebaut, früher fand man sie auch auf Feldern in Südeuropa. Hauptausfuhrland von Zucker, der aus Zuckerhirse gewonnen wurde, sind heute die USA. Außerdem baut man in Südeuropa und in den USA eine Sorte von Zuckerhirse an, aus deren Stroh man die bekannten Sorgobesen herstellt.

Hiobsträne

Coix lacryma-jobi

BOTANIK

Die Hiobsträne ist wohl eine der merkwürdigsten und kulturgeschichtlich interessantesten Pflanzen überhaupt. Das Gras wird über einen Meter hoch. Die Blätter umgeben den Stengel mit langen Scheiden, aus denen seitliche Blütenstände hervorwachsen. Die Blütenstände bestehen aus verschiedenen Teilen. An ihrer Basis befinden sich weibliche Blüten, die in sehr harten, kalkreichen Gehäusen eingeschlossen sind. Aus einem kleinen Loch an der Oberseite dieser Gehäuse wächst eine kleine Scheinähre mit männlichen Blüten heraus. Die Kalkgehäuse sehen nicht nur wie Perlen aus, sie können auch als solche verwendet werden; es gibt Zierformen des Grases mit besonders harten „Perlen". Sie sind die „Hiobstränen", nach denen die Pflanze benannt wurde. Angedeutet ist durch diesen Namen eine religiöse Bedeutung der „Perlen", die sich von Kulturkreis zu Kulturkreis „vererbt" hat.

GESCHICHTE UND VERBREITUNG

Die Pflanze stammt aus Südostasien, vielleicht vor allem aus Indochina. Die „Perlen" wurden von der dortigen Urbevölkerung als Schmuck bei rituellen Tänzen und Bräuchen getragen. Von diesen oder „zwischengeschalteten" Völkern übernahmen die Araber die Perlen und machten Gebetsketten daraus. Sie brachten die Hiobstränen bis auf die Iberische Halbinsel. Die Spanier führten sie in der Neuen Welt ein; von Spanien ausgehend kam die Hiobsträne aber auch nach Mitteleuropa. Dort verwendete man die „Perlen" zur Herstellung von Rosenkränzen und nannte die Pflanze Moses-, Christus- oder Marientränengras. Bei Ausgrabungen in spätmittelalterlichen Abfallschichten der Werkstatt eines Paternosterers fanden sich nicht nur Knochenreste, aus denen Perlen gemacht wurden, sondern auch eine Hiobsträne. Seit der frühen Neuzeit wird die Pflanze in Klostergärten angepflanzt, um daraus Rosenkranzperlen zu machen.

ANWENDUNG

Dies ist aber nicht die einzige Bedeutung der Pflanze. Ihre Körner, vor allem solche, deren Außenwände dünner und weicher sind, zeichnen sich durch große Nahrhaftigkeit aus; man kann sie zu Mehl vermahlen und Graupen daraus herstellen. Auch Bier wird auf ihrer Basis angesetzt. Die Körner einer anderen Sorte des Grases werden in Südasien wie Reis gegessen; angeblich sind die Körner nahrhafter als diejenigen von Reis und Weizen. Hiobstränen könnten vor allem in heißen und trockenen Gegenden der Erde viel mehr angebaut werden, als dies im Moment geschieht.

Mais

Zea mays mays

BOTANIK

Mais ist ein Gigant unter den einjährigen Pflanzen. In jedem Jahr wird das Gras über mannshoch, im Extremfall bis zu sechs Meter. Zum Aufbau der großen Biomasse (die Blätter können weit über einen Meter lang und über zehn Zentimeter breit werden) zieht der Mais große Mengen an mineralischen und organischen Nährstoffen aus dem Boden. An den Pflanzen stehen männliche und weibliche Blüten getrennt voneinander. Die männlichen Blüten befinden sich an der Spitze des Grases in mehreren Rispen. Die weiblichen Blüten und die daraus hervorgehenden Körner an den Maiskolben wachsen seitlich aus den Blattachseln hervor. Ohne die Mitwirkung des Menschen kann sich Mais nicht vermehren, er ist eine „absolute Kulturpflanze": Es gibt sie nur in Kultur.

GESCHICHTE UND VERBREITUNG

Der Mais stammt aus Amerika. Es ist wohl erwiesen, daß seine Kultivierung vor etwa 7000 Jahren in Mexiko begann und möglicherweise auch getrennt davon in Peru. Man weiß aber nicht, wie die Pflanze entstanden ist. War eine Form der wild wachsenden Teosinte der „Vorfahre" vom Mais, oder ist er aus einer Pflanze hervorgegangen, die es heute nicht mehr gibt, vielleicht weil grasende Säugetiere sie restlos beseitigten? Jahrtausendelang vor der Entdeckung des Kontinents durch weiße Menschen wurde Mais in vielen Teilen Amerikas angebaut und dabei auch künstlich bewässert: Das war ein adäquates Mittel, die Pflanzen mit dem notwendigen Nährstoff zu versorgen. Schon bald danach kam Mais nach Europa, zunächst nach Spanien, dann nach Italien, in die Türkei und auf den Balkan. In Mitteleuropa nannte man den Mais zuerst „Welsches Korn", dann „Türkisch Korn", weil man seine Kultur mit den Ländern, in die er eingeführt worden war, nicht mit seinem eigentlichen Herkunftsland in Verbindung brachte. „Kukuruz" heißt der Mais nach einem slawischen Wort; als solcher wurde er in der Pannonischen Tiefebene und am Balkan angebaut.

Eigentlich ist der Mais eine Pflanze warmer Regionen. In Europa wurden besonders Rumänien, Ungarn und Umgebung, aber auch Norditalien traditionelle Maisanbaugebiete; für die Weltwirtschaft besonders wichtig ist aber der Maisgürtel in Nordamerika. In den letzten Jahrzehnten gelang es, Maissorten zu züchten, die wenig kälteempfindlich sind. Noch in der ersten Hälfte des 20. Jahrhunderts schien es undenkbar, Mais in großen Mengen nördlich der Alpen anzubauen. Heute findet man Mais in allen Regionen Mitteleuropas, in denen auch andere Getreidearten angebaut werden, sogar in den Mittelgebirgen bei 1000 Meter Meereshöhe! Die Ausweitung des Maisanbaus war eine wichtige Voraussetzung für die Einführung der Massentierhaltung. Allerdings hat dies auch negative Auswirkungen: Der Mais entwickelt sich erst nach dem Niederschlagsmaximum im Mai. Von den zuvor tief gepflügten und gelockerten Böden kann viel Feinerde abgeschwemmt werden, und von der Gülle, die auf Maisäckern ausgebracht wird, fließt eine große Menge ungenutzt von den Äckern ab.

ANWENDUNG

Mais ist eine der weltweit wichtigsten Getreidearten, dient aber in erster Linie nicht direkt der menschlichen Ernährung: Besonders an Wiederkäuer und Geflügel wird viel Mais verfüttert und so zu Fleisch „veredelt". Aus Mais wird aber auch breiartige Nahrung für den Menschen zubereitet; Maisstärke kann man sogar im Supermarkt kaufen.

Puffmais

Zea mays microsperma

Neben den „üblichen" Sorten von Mais, deren Körner vor allem Stärke enthalten und die am wichtigsten für die Weltwirtschaft sind, sollen hier noch zwei abweichende Typen von Mais vorgestellt werden.

Beim Puffmais ist das ganze Nährgewebe hornartig ausgebildet. Es enthält fast keine mehligen Bestandteile. Erhitzt man diese Körner, platzen sie. Sie bilden dabei weiße Flocken, die viel größer sind als das ursprüngliche Maiskorn. Das auf diese Weise entstandene Popcorn wird vor allem in den USA viel genascht. Man kennt Popcorn aber inzwischen überall auf der Welt. Man baut Puffmais heute nicht nur in den USA, sondern auch in zahlreichen anderen Ländern an, unter anderem auf dem Balkan und in Ostasien.

Zuckermais

Zea mays saccharata

Zuckermais ist im eigentlichen Sinne keine Getreideart, sondern ein Gemüse, das man wie Erbsen ißt. Zuckermais wird von der Konservenindustrie verarbeitet: Überall bekommt man diese Form von Mais in Dosen und Gläsern, auch in der Gemüsemischung „Mixed Pickles". Bei Zuckermais ist eine Mutation aufgetreten, als deren Folge ein Enzym in den Körnern nicht mehr vorhanden ist, das – wie bei Mais sonst üblich – den Zucker zu Stärke werden läßt; in den Körnern sammelt sich der Zucker in Form von Dextrin an. Wenn man die Körner reifen läßt, schrumpfen sie, deshalb erntet man den Zuckermais in unreifem Zustand. Dann kann man sogar die ganzen kleinen Kolben essen. Weil zur Erntezeit die Reife nicht eingetreten sein muß, läßt sich Zuckermais auch dort anbauen, wo das Klima kühl oder die Vegetationsperiode zu kurz ist, um der Pflanze ihre langdauernde komplette Entwicklung zu ermöglichen.

Maispflanzen, die sich durch das Auftreten der Mutation derart verändert hatten, daß in ihnen keine Stärke mehr gebildet wurde, beobachtete man zum ersten Mal während des 18. Jahrhunderts in Nordamerika. Durch Selektion gelang es, diejenigen Pflanzen von den anderen abzutrennen, die Träger der Mutation waren. Schließlich baute man die verschiedenen Formen von Mais auf separaten Feldern an.

Buchweizen

Fagopyrum esculentum

BOTANIK

Buchweizen ist kein Getreide, wird aber wie Getreide verwendet: Er ist kein Gras, sondern gehört zur Pflanzenfamilie der Knöterichgewächse. Wie beim Getreide sind die Körner reich an Stärke, so daß sie sich zu nahrhaftem Mehl verarbeiten lassen. Die Pflanze wird etwa einen halben Meter hoch. Ihre Blätter sind gestielt und herzförmig. Die Blüten stehen in Rispen beieinander, sind weiß oder rosafarben, duften stark und sind eine exzellente Bienenweide. Aus jeder Blüte kann eine dreikantige, von einer dunklen Hülle umschlossene Frucht werden; sie ist etwas länger als breit und etwa so groß wie ein Weizenkorn.

GESCHICHTE UND VERBREITUNG

Die frühe Geschichte des Buchweizenanbaus ist noch ungenügend erforscht. Wahrscheinlich stammt die Kulturpflanze von der Wildpflanze Fagopyrum acutatum ab, die man im südlichen Himalaja finden kann. In Innerasien sind die Sommer zwar warm, aber kurz. Wild- und Kulturformen des Buchweizens können sich unter diesen klimatischen Bedingungen entwickeln.

Die Aussaat von Buchweizen kann erst zu Beginn des Sommers stattfinden, weil die Pflanze abstirbt, wenn die Bodentemperatur sich dem Gefrierpunkt nur annähert. Die Pflanze entwickelt sich aber rasch, so daß man sie bereits im August, bevor wieder Bodenfrost droht, ernten kann. Die Wildpflanze verliert ihre reifen Früchte sofort. Bei der Kulturpflanze ist dies nicht der Fall; die Körner bleiben an der Pflanze bis zur Ernte. Vor einigen Jahrtausenden muß in Zentralasien die Entwicklung von der Wildpflanze zur Kulturpflanze begonnen haben. Indizien für die Ausbreitung des Buchweizens über weite Teile des nördlichen Eurasiens haben wir erst aus einer späteren Periode: Die Skythen, die in der frühen Eisenzeit nördlich des Schwarzen Meeres lebten, kannten ihn. Buchweizen wurde im Osten Mitteleuropas seit dem frühen, im westlichen Mitteleuropa seit dem hohen und späten Mittelalter kultiviert. Eine besondere Bedeutung bekam die Pflanze bei der Urbarmachung großer Moore. Fast nur dieses eine Gewächs ließ sich mit gutem Ertrag auf feuchten Böden anbauen, die im Frühjahr spät abtrockneten. Dem Buchweizen haftete immer der Ruf an, das Korn der Armen zu sein. Darauf könnten sich auch seine Namen beziehen, aber eindeutig ist dies nicht: Ist „Buchweizen" der Weizen, den arme Leute im entlegenen Wald („Buch") oder Waldgebirge (z. B. in Südtirol) anbauten, oder heißt die Pflanze so, weil die Früchte den Bucheckern ähneln? Der andere Name, Heide(n)korn, könnte darauf Bezug nehmen, daß Nicht-Christen das Korn nach Europa brachten, oder darauf, daß man Buchweizen auf nährstoffarmen, ausgelaugten Heideflächen anbauen konnte. Heute findet man Buchweizen in Westeuropa kaum noch, sondern nur noch in Osteuropa, Zentral- und Ostasien.

ANWENDUNG

Die dunkle Hülle muß abgeschält werden, damit die Körner weiterverarbeitet werden können. Sie enthalten nur einen geringen Kleberanteil, weshalb sich das Mehl nicht zum Brotbacken eignet. Man kann aber sehr nahrhafte und haltbare Grütze daraus bereiten, die man früher auf Seefahrten mitnahm; oder man macht Pfannkuchen und ähnliches Gebäck daraus, Plenten oder Piroggen. Mischt man das Buchweizenmehl mit dem von anderem „richtigem" Getreide, kann man auch Brot backen – und außerdem bereitet man die in Norddeutschland, besonders in der Lüneburger Heide berühmte Buchweizentorte daraus zu.

Tatarischer Buchweizen

Fagopyrum tataricum

BOTANIK

Der Tatarische Buchweizen ist nahe mit dem „gewöhnlichen" Buchweizen verwandt, aber an einigen charakteristischen Merkmalen gut von ihm zu unterscheiden. Der Tatarische Buchweizen wird höher, seine Blätter sind oft breiter als lang, während die Blätter des gewöhnlichen Buchweizens eher länger als breit sind. Die Stengel bleiben immer grün, während sie sich beim gewöhnlichen Buchweizen kurz vor der Reife der Früchte rot verfärben. Die Blüten sind grünlich und nicht so beliebt bei den Bienen.

GESCHICHTE UND VERBREITUNG

Der Tatarische Buchweizen stammt wohl von der gleichen Wildpflanze wie der gewöhnliche Buchweizen ab, nämlich von Fagopyrum acutatum. Er ist nicht so weit entwickelt wie der allgemein bekannte Buchweizen, denn die Körner fallen, wenn sie reif sind, sehr leicht aus. Er wird trotzdem angebaut, und zwar vor allem in klimatisch ungünstigen Gebieten hoch in den Bergen und in Sibirien. Man findet ihn also dort, wo der gewöhnliche Buchweizen wegen seiner Frostempfindlichkeit nicht mehr gezogen werden kann. Nach Europa kam der Tatarische Buchweizen wohl erst im 18. Jahrhundert, und zwar einerseits als Gartenpflanze, andererseits als Unkraut in Kulturen des gewöhnlichen Buchweizens; interessanterweise geschah dies genau in der Zeit, in der Buchweizenkulturen die weiteste Verbreitung erreichten. Heute kann man Tatarischen Buchweizen in Mitteleuropa kaum noch finden; in manchen Gegenden hat man ihn zum letzten Mal auf Trümmerschutt aus dem Zweiten Weltkrieg gesehen.

Vollendung der Schöpfung

Schöpfungsmythos der Maya

Dies ist der Anfang der Menschwerdung, der Entschluß zur Fleischwerdung. Es sprachen Urahnin und Urahne, der Schöpfer und Former, jene auch, die sich Tepëu und Gucumátz nannten: „Schon will es Morgen werden. Lasset uns das Werk der Schöpfung schön vollenden. Erscheinen sollen, die uns erhalten und ernähren, die leuchtenden Söhne des Lichts. Es erscheine der Mensch! Belebt sei der Erde Antlitz!" So sprachen sie.

In Nacht und Dunkelheit kamen sie zusammen und erwogen alles in ihrer Weisheit. Sie überlegten, suchten, bedachten und besprachen es. Und dann gelangten sie zur Einsicht. Sie fanden dann den Lebensstoff. Die Erleuchtung kam ihnen, woraus des Menschen Fleisch zu schaffen. Und wenig fehlte, daß Sonne, Mond und Sterne über den Schöpfern und Formern erschienen.

Aus Pan Paxil und Pan Cayalá kamen die gelben und weißen Maiskolben. Die Tiere aber, die ihnen den Lebensstoff brachten, waren: die Wildkatze, der Coyote, der Papagei und der Rabe. Ihrer vier waren die Tiere, die den gelben, den weißen Mais brachten. Von Pan Paxil kamen sie und zeigten den Weg nach Paxil. So fanden jene den Lebensstoff. Aus dem schufen sie, formten sie des Menschen Fleisch. Wasser war das Blut, in Menschenblut verwandelte es sich. So ging der Mais durch der Erzeuger Werk in die Schöpfung ein.

Und da erfüllte sie Freude, denn sie hatten ein wunderschönes Land voller Annehmlichkeiten gefunden, mit einem Überfluß an gelbem und weißem Mais, mit einem Überfluß auch von Paxtáte und Kakao, voller unzähliger Früchte und voller Honig. Überfluß an köstlicher Nahrung herrschte in jenem Ort, genannt Paxil und Cayalá.

Nahrungsmittel aller Art gab es, große und kleine, große Pflanzen und kleine. Die Tiere zeigten den Weg.

Und indem sie die gelben und die weißen Maiskolben zerrieb, machte Ixmucané neun Getränke. Und dieser Stoff verlieh Kraft und Fülle, und aus ihm schufen sie die Kraft und die Stärke des Menschen. So taten sie, die genannt werden Alóm, Caholóm, Tepëu und Gucumátz.

Und sie überlegten weiterhin die Schöpfung und Formung unserer ersten Mutter und unseres ersten Vaters. Aus gelbem und weißem Mais machten sie sein Fleisch. Aus Maisbrei machten sie die Arme und Beine des Menschen. Einzig Maismasse trat in das Fleisch unserer Ahnen, der vier Menschen, die geschaffen wurden.

Dies sind die Namen der ersten Menschen, die geschaffen und geformt wurden: Waldjaguar, der erste. Der zweite Nachtjaguar. Nachtherr war der dritte. Und der vierte Mondjaguar. Dies sind die Namen unserer Ahnen.

Man sagt, daß jene erschaffen und geformt wurden, nicht Mutter hatten sie, nicht Vater, doch nannte man sie Männer. Sie wurden nicht aus einem Weibe geboren, von Schöpfer und Former wurden sie nicht erzeugt, auch nicht von Alóm und Caholóm. Nur durch ein Wunder, durch Zauber wurden sie geschaffen und geformt, von Tzakól, Bitól, Alóm, Caholóm, Tepëu und Gucumátz. Und da sie wie Menschen aussahen, waren sie Menschen. Sie sprachen, unterhielten sich, sahen und hörten, liefen und ergriffen Dinge. Es waren gute und schöne Menschen und ihr Körper war der des Mannes.

Vernunft war ihnen gegeben. Sie schauten und sogleich sahen sie in die Ferne; sie erreichten, alles zu sehen, alles zu kennen, was es in der Welt gibt. Wenn sie schauten, sahen sie sogleich alles im Umkreis und ringsherum sahen sie die Kuppel des Himmels und das Innere der Erde.

Alle fernverborgenen Dinge sahen sie, ohne sich zu bewegen. Sofort sahen sie die ganze Welt, und sie sahen diese von dort, wo sie standen.

Groß war ihre Weisheit. Ihr Auge reichte bis zu den Wäldern, den Felsen, den Lagunen, den Meeren, den Bergen und den Tälern. Wunderbare Menschen waren sie in Wahrheit: der Waldjaguar und der Nachtjaguar, der Nachtherr und der Mondjaguar.

Darauf fragten sie der Schöpfer und der Former: „Wie dünkt euch euer Dasein? Seht ihr nicht? Hört ihr nicht? Sind eure Sprache und euer Gang nicht gut? Schauet denn! Betrachtet die Welt! Sehet, ob die Berge und die Täler erscheinen! Versucht denn zu sehen!" Also sprachen sie.

Und sogleich sahen jene alles, was es in der Welt gab. Und sie dankten darauf dem Schöpfer und Former.

„Wahrlich, wir danken euch, zweimal, dreimal. Erschaffen wurden wir, einen Mund hat man uns gegeben und ein Gesicht. Wir sprechen, denken, gehen. Vorzüglich erscheint uns alles, und wir kennen alles, sei es ferne oder nahe. Und was groß ist oder klein am Himmel oder auf Erden – wir sehen es. Ja, wir danken euch, daß ihr uns schufet, dir Schöpfer, dir Former; daß ihr uns das Dasein gegeben habt, Großmutter unser, Großvater unser!"

So sagten sie, dankend für die Schöpfung und Formung.

Bald kannten sie alles. Und sie erforschten die vier Windrichtungen und die vier Himmelsrichtungen und das Antlitz der Erde.

Aber der Schöpfer und der Former hörten das nicht gerne.

„Es ist nicht gut, was unsere Geschöpfe, unsere Werke sagen. Alles wissen sie, das Große und das Kleine." Also sprachen sie.

Und sie hielten neuerlich Rat mit den Erzeugern.

„Was sollen wir jetzt mit jenen tun?"

„Daß sie nur das Nahe sehen, nur ein wenig vom Antlitz der Erde."

„Deren Rede ist nicht gut. Sind sie nicht, wie sie sind, bloße Geschöpfe und Machwerke? Sollen sie gleichfalls Götter sein? Und wenn sie nicht zeugen und sich nicht vermehren, wenn es dämmert, wenn die Sonne aufsteigt? Was, wenn sie sich nicht vermehren?" So sprachen sie.

„Unterdrücken wir ein wenig ihre Wünsche, denn was wir sehen, ist nicht gut. Sollen sie am Ende uns gleich sein, die wir sie schufen, und die wir in weite Ferne sehen, alles wissen und alles sehen?"

So sprach des Himmels Herz Huracán, Chipi-Cakulhá, Raxa-Cakulhá, Tepëu, Gucumátz, Alóm, Caholóm, Ixpiyacóc, Ixmucané, Tzakól und Bitól.

So sprachen sie und sogleich veränderten sie die Art ihrer Werke und Geschöpfe. Es warf das Herz des Himmels einen Schleier über die Augen. Und die trübten sich, wie wenn ein Hauch über den Spiegel geht. Ihre Augen trübten sich: sie konnten nur noch sehen, was nahe war, nur was klar war.

So wurden zerstört die Weisheit und alle Kenntnisse der vier Menschen des Ursprungs und Anfangs.

So wurden geschaffen und geformt unsere Ahnen, unsere Väter. Vom Herzen des Himmels, vom Herzen der Erde.

Korn in der Kunst: Ein hundertfältiges Gleichnis

Ulrich Nefzger

Die Reihe der Kunstwerke, die hier auf verschiedene, sinnfällige Weise mit dem Getreidekorn zu tun haben, besitzt eine europäische Perspektive: sie zeigt im Wandel des Gleichnishaften den Prozeß künstlerisch-epochaler Bewußtseinsveränderungen. Nur dieser Aspekt kann in einem Labyrinth aus Motiven und Gesichtspunkten die schlüssige „Einsicht" vermitteln.

Eine Betrachtung der elementaren Nahrung, auf der andere Kulturkreise gründen – wie der fernöstliche Reis oder der indianische Mais – würde nicht minder Einsichtsvolles an vitaler Sinngebung bei der Deutung von Welt und Dasein vor Augen führen. Doch der Blick müßte ein ganz anderer sein. Höchst denkwürdig, ganz ohne Kommentar veranschaulicht dies eine altchinesische Belehrung (5. Jahrhundert n. Chr.): „Als der Schüler nach der Wahrheit fragte, zeigte der Meister ihm ein Reiskorn." Unser „Körnchen Wahrheit" sieht anders aus und meint es anders.

Unter den Gleichnissen, mit denen Jesus dem einfachen Volk vom Reich Gottes predigte, ist jenes vom Senfkorn von schlichter, natürlicher Poesie: Aus dem allerkleinsten Korn auf Erden wächst solch ein Baum, daß die Vögel des Himmels unter seinen Zweigen wohnen. So kann die Größe des Glaubens aus kleinsten Anfängen wachsen.

Die bereits im Talmud sprichwörtliche Winzigkeit des Senfkorns belebte sich im Gleichnis Jesu zu unerwartet neuer Sinngebung. Nicht das Verharren in dunkler Rede, sondern eine „sich erfüllende" neue Dimension im lehrenden Wort bestimmen die Gleichnisse. Es beginnt mit dem Gleichnis vom Sämann, dessen Saat von den Vögeln gefressen wird oder auf Steinen und unter Dornen verdorrt. Ein Teil aber fällt auf gutes Erdreich, wo es vielfache, ja hundertfältige Frucht trägt. Dann ermahnt Jesus nachdrücklich, das Vernommene auch zu verstehen: „Wer Ohren hat, zu hören, der höre!"

Jesus betont dann noch einmal, daß dem Volk nur „alles durch Gleichnisse widerfahre", aber es heißt weiter, daß er „insonderheit seinen Jüngern alles auslegte." Im Bild von der „selbstwachsenden Saat" veranschaulicht er das Kommen der Gottesherrschaft, bis die Sichel dann den körnigen Weizen erntet. Letztendlich bleibt aber ein Zwiespalt: Dem Volk „widerfährt" das Gleichnis nur, die Jünger „erfahren" es durch Auslegung. Das Gleichnis sollte vom Wortlaut bis zum Bildsinn im Verständnis des vernehmenden Zuhörers „aufgehen".

Selbst die kritische Theologiewissenschaft der Moderne erkennt an, daß anders als in metaphorischer Rede dieses Gottesreich gar nicht zur Sprache gebracht werden konnte. So wie der Mensch nicht vom Brot allein lebt, so bedarf seine Vorstellung nicht nur des Wortverstandes allein, sondern auch der Veranschaulichung durch das Bild als Gleichnis, um zu begreifen.

Im barocken Weltverständnis war es vollkommen vertraut, daß das Bild im Wort und das Wort im Bild erscheint.

DER HL. BERNHARD UND DIE ZWEIFACHE SAAT GOTTES

1748 vollendete der Passauer Bildhauer Joseph Deutschmann im niederbayerischen Zisterzienserkloster Aldersbach eine formenreich bewegte Kanzel. Die schwungvollen Kurvierungen und Schabracken, die aus der ornamentalen Zier hervortretenden Evangelistensymbole mit den goldglänzenden Reliefs dazwi-

Ein Sämann als Gleichnis für die Aussaat von Gottes Wort schmückt die formenreiche Barockkanzel (1748) im niederbayerischen Zisterzienserkloster Aldersbach.

schen, sind nicht nur auszeichnender Dekor – sie entsprechen dem bewegten barocken Predigtstil.

Auf Christus als das Wort, das Fleisch geworden ist, zielt das zentrale Deckenbild über der Kanzel, und zwar mit der selben intensiven Verschränkung von Wort und Bild. In dem 1720 von Cosmas Damian Asam begonnenen Fresko sieht man, wie der hl. Bernhard von Clairvaux in einer Vision die Geburt Christi schaut.

Mit spiritueller Entschiedenheit trieb Bernhard das Reformwerk der Zisterzienser voran. Er war zwar nicht der Begründer, aber ein Bewirker, der das allzu bequem gewordene „Bete und arbeite" des Klosterlebens von den benediktinischen Höhenlagen in die abgelegenen, sumpfigen Talgründe brachte, um sie urbar zu machen. Mit mystischem Sinn, aber zupackender Hand kultivierten Bernhards Zisterzienser ihre ureigene „Domäne". Ihre Saat ging auf, auch was die rasch wachsende Zahl ihrer Klöster betraf. Eines davon wurde das 1138 gegründete Stift Zwettl in Niederösterreich. Im Zeichen der Vorbildlichkeit des hl. Bernhard für den Klostervorstand steht dort der berühmte Flügelaltar von Jörg Breu (um 1500), der Szenen aus dem Leben des hl. Bernhard zeigt. Zwei davon sind besonders merkwürdig, da sie das Arbeitsame betonen. Da gibt Bernhard den Haustieren Salz und da betet er bei der Getreideernte seiner Mitbrüder. Seine gefalteten Hände umschließen eine Sichel, so daß er möglicherweise um die Fertigkeit betet, mähen zu können. Der friedvolle Landschaftsausblick über stattliche Gutshäuser, Wege, Bäume und Hügel mit den in ihrer Ordenstracht gelassen im Korn arbeitenden Brüdern bildet einen erdnahen Kontrast zu dem knienden Heiligen. Im reichen Faltenwurf seines Abtsgewandes geht er, das Gesicht zum Himmel gewendet, ganz und gar im Gebet auf. Damit wird der tiefere Bildsinn anschaulich: die Synthese aus Arbeit und Gebet.

Der hl. Bernhard betet bei der Getreidearbeit seiner Mitbrüder. Tafelbild aus dem Flügelaltar von Jörg Breu. Zisterzienserstift Zwettl. Um 1500.

Ein ganz anderes Kornfeld und ein ganz anderer Abt scheinen am Altar mit der Mondseer Madonna auf. Es ist Abt Benedikt II. Eck, der Stifter eines Wandelaltars, der einst für die Klosterkirche in Mondsee um 1495/1500 errichtet wurde. Er kniet zwar auf der selben Altarstufe wie die seitlich vor ihm stehende Madonna, aber er hebt den Blick nicht zu ihr empor. Der Blick der Madonna ist gesenkt, ruht aber voll Verhaltenheit über dem Stifter. Damit bestimmt ein Fluktuieren aus vornehm-entschiedener Distanz und milder Nähe den Bildcharakter. Sehr im Unterschied zum hl. Abt Bernhard, wo die Sichel gleichsam die „Garbe" des Gebets über den bittend gefalteten Händen erntet, hält Abt Benedikt II. seine beringten und behandschuhten Hände im zeremoniösen Stiftergestus der Verehrung. Mit seinem Prunkornat, mit den genau porträtierten, unbewegten Gesichtszügen, geht der Abt ganz in seiner kirchlichen Würde auf.

MADONNA IM ÄHRENKLEID

Im Laufe des 15. Jahrhunderts verbreitete sich der Typus der stehenden Tempeljungfrau in einem mit goldenen Ähren verzierten dunkelblauen Kleid, das blonde Haar gelöst, die Hände vor der Brust gefaltet, Hals und Handgelenke von Flammenstrahlen gesäumt. Zentrum des Kults lag in Salzburg und Bayern, doch könnte Abt Benedikt II. seine Verehrung der Madonna im Ährenkleid aus

Abt Benedikt II. Eck, der Stifter des Wandelaltars, der um 1495/1500 für die Klosterkirche Mondsee errichtet wurde, kniet hier vor der „Madonna im Ährenkleid".

der Steiermark mitgebracht haben, wo Maria Straßengel der österreichische Hauptverehrungsort war. Vergleicht man die Mondseer Darstellung mit den anderen – die bei festem Grundtyp doch variieren – so zeigen sich erstaunliche Umdeutungen im Lauf der Geschichte. Aus ikonisch-frontaler Strenge eines Andachtsbildes wendet Maria sich zur Seite, dem stiftenden Abt zu. Sie steht somit „szenisch" im bewußt altertümlichen Tempelraum vor einer Altarmensa. Neben ihr schweben und drehen sich drei dienende Engel, welche die extrem rapide Raumkonstruktion beleben. Dieser „Ort" und der reale Ort des Bildes in der Predella, also am Altartisch, werden räumlich und gedanklich über das „Himmelsbrot" miteinander verbunden. Zudem ist – abweichend vom sonst schlank taillierten Typus – Maria hier im bauschigen Kleid hohen Leibs. Sie steht „benediziert" vor Abt Benedikt. Dieser hatte auch den Flügelaltar von St. Wolfgang (1481) bei Michael Pacher bestellt. Dessen Wirkung ist, neben den

Einflüssen der Wiener Werkstatt des Schottenmeisters, besonders im Versuch der Raumdurchformung spürbar. Zuinnerst herrscht daher eine schwer faßbare ästhetische Spannung. Sie wird zwischen Abt und Madonna augenscheinlich. Dort eine gleichsam minutiös-realistische Treibarbeit voll harter „Politur", bei der Jungfrau eine höfisch-schöne Gefaßtheit in sanfter Milde, verfeinert bis in die zierlichen kleinen Ähren auf dem eleganten Faltenwurf.

Der Gedanke vom marianischen Acker mit Christus als Weizenkorn tauchte zuerst bei den griechischen Kirchenvätern des 3. Jahrhunderts auf. Doch lag es nahe, diese Motivik weiter zurück zu verfolgen. Dann gelangt man zu den Getreidegöttinnen des alten Orients und uranfänglichen Fruchtbarkeitsidolen mit Kornähren. Solch zurücktastende Suche verliert sich aber leicht im Ungefähren, ohne dem bestimmenden künstlerischen Sinn förderlich zu sein. Was „wirklich" zählt, ist das, was dem Auge vom künstlerischen Wie und Was erzählt und damit sinnliche Gegenwart wird. Allerdings ist es gewiß nicht zufällig, daß das Ährenmotiv mit dem himmlischen Sternzeichen der Jungfrau (Virgo) in der Reife des Sommers erscheint. Der heidnische (pagane) Aspekt dieser „spicifera virgo" oder „aristae puella" wandelte sich nämlich zur Gottesmutter mit der ererbten Ähre (spica) in der Hand.

Wenn aber beispielsweise in einer Heisterbacher Bibel um 1240 eine gekrönte Frau mit Ährenbündel erscheint, ist damit die Kirche (ecclesia) gemeint, welche hier von der alttestamentarischen Ährenleserin Ruth personifiziert wird.

RUTH, DIE BIBLISCHE ÄHRENLESERIN AUS DER FREMDE

Zunächst ist die alttestamentarische Erzählung von Ruth und Boas eine menschlich schöne Liebesgeschichte. Wegen einer Hungersnot wanderte Elimelech mit seiner Frau Naemi und zwei Söhnen von Bethlehem nach Moab aus, wo die Söhne Moabiterinnen heirateten. Nach dem Tod ihres Mannes und ihrer Söhne geht Naemi mit Ruth, der einen Schwiegertochter, welche sich nicht von ihr trennen kann, nach Bethlehem zurück. Dem Armenrecht gemäß darf Ruth auf einem Gerstenfeld die Ähren lesen, welches dem reichen Boas, einem Verwandten Elimelechs, gehört. Boas befiehlt, Ruth gut zu behandeln, und gibt ihr Speise und Trank. Er tut dies, wie er Ruth sagt, weil diese ihre Heimat verlassen habe, um aus Treue zu Naemi in ein fremdes Land zu ziehen. Nach der Ernte legt sich Ruth auf Naemis Rat – welche von alledem weiß, auch daß Boas ein erbberechtigter Verwandter ist – auf der Tenne zu Füßen des schlafenden Boas. Dieser heiratet sie schließlich in allen Ehren. Durch diese Geschichte um Heimat und Fremde, Treue und Gnade, Ernte und Erbe kam Ruth, die Moabiterin, in das Geschlecht Davids und in den Stammbaum Christi. Die vornehme französische Buch- und Glasmalerei des 13. Jahrhunderts – insbesondere die höfische Sainte-Chapelle in Paris – zeigen bedeutende Bildfolgen dieser Geschichte. Unter den seltenen späteren Darstellungen ragt Poussins Gemälde der Ruth vor Boas hervor, das er zwischen 1660 und 1664 malte. Es ist Bestandteil eines Jahres- und Tageszeiten-Zyklus, also zugleich die Allegorie des mittäglichen Sommers. Mit diesem Alterswerk zog Poussin die Summe seines malerischen Könnens.

Poussins Gemälde der Ruth vor Boas (1660–1664) verbindet die biblische Liebesgeschichte mit einer Allegorie auf den mittäglichen Sommer. Dieses späte Meisterwerk Poussins entstand als Teil eines Jahres- und Tageszeiten-Zyklus.

So wie über dem Paradiesesfrühling eine unvergängliche Morgenfrische erinnerungsloser Unschuld liegt, so wirkt der hohe Sommer in der epischen Weite des Bildes wie ein ewiges Währen. Im Herbstbild mit den Kundschaftern, die schwungvollen Schritts die kanaanitische Traube aus dem gelobten Land tragen, treibt und gärt es schon wie vor fast überreifer Fülle. Die winterliche Sintflut ist eine blitzdurchzuckte Schrecknis im Grauen ohne Ende. Sehr bezeichnend ist, daß im Sommerbild vielerlei bereitet wird: links das Essen, in der Mitte die Ernte, rechts hinten wird mit den Pferden bereits gedroschen, während die einfältige Weise des Dudelsacks ertönt. Und ausgebreitet sind die Arme der demütig knienden Ruth vor der alles Weitere anweisenden Geste des Boas. Von allen vier Bildern steigt hier die Horizontlinie am höchsten, damit der betrachtende Blick ruhig und weit in die Tiefe der Landschaft getragen wird. Man hat in dieser Bilderfolge den „Schwanengesang" Poussins gesehen, da sie zum Bewegendsten gehört, was er ohne allen Anflug von trockener Gelehrsamkeit geschaffen habe. Und doch ist hier über Poussins prinzipielle Sinngebung ein Streit entbrannt: sind diese Bilder aus einer katholisch-mystischen Sphäre des Barocks heraus entstanden, oder steht auch hier das durchgängig vital-antikische Weltverständnis von Poussins Kunst dahinter? – Eine weitere Erörterung würde gewichtige Konsequenzen des Weltbildes zeitigen: ein aus der Antike sich begründendes, aber modern emanzipiertes Naturverständnis. Statt Diesseitsverlorenheit und Heilserwartung erscheint hier die Selbstgewißheit menschlicher Existenz als ungebrochene Natürlichkeit in der von universellen Gesetzen durchwirkten Natur.

Im fortschreitenden 19. Jahrhundert wurde die Kunst der Vergegenwärtigung zusehends in eine symbolisch-spekulative, geschichtliche Idealferne entrückt. Eines der zu recht populärsten und für das 19. Jahrhundert wesentlichsten „Andachtsbilder" der Arbeit wurde die Darstellung der „Ährenleserinnen" von Jean-François Millet (1857). Ihr Anblick kann und soll das religiös ergriffene Gemüt an die ährenlesende Ruth zurückerinnern. Aber kein Boas bringt hier der getreuen, fremden Moabiterin Achtung und Zuneigung entgegen. Es ist der Maler, der sie ganz allgemein allen Ährenleserinnen zuerkennt. Die Kunst adelt sie: Aus dem großen Bildrhythmus der gebeugten Frauen und der stumpfen Leuchtkraft der erdhaft gedämpften Farben erscheint der Mythos der Feldarbeit; alle äußere Mühsal und Armut wird durch Darstellungskunst zu innerer Würde aufgerichtet.

DER DUNKLE KAIN

Die Vertreibung des ersten Menschenpaares aus dem Paradiesesgarten geschah nicht allein deswegen, weil es vom Baum der Erkenntnis aß. Adam sollte nicht auch noch vom Baum des Lebens essen und ewig leben. Daher wies ihm Gott das selbe Feld zu, aus dessen Erde er geschaffen worden war. Das sollte er bebauen, davon sollte er sich kummervoll nähren. Damit ist das Ackerfeld von Grund auf der archetypische Gegensatz zum paradiesischen Garten. Hier fristet die menschlich-irdische Sterblichkeit unter Tränen ihr Leben und sorgt sich um Nahrung. Auf diesem Feld geschah auch der erste Mord; der erste aus Adam und Eva entstandene Mensch wurde zum Brudermörder: Kain. Er war Ackermann und opferte dem Herrn „von den Früchten des Feldes". Sein jüngerer Bruder Abel, der Hirt war, brachte „von den Erstlingen seiner Herde". Doch nur diesen sieht Gott gnädig an, den darob ergrimmten Kain ermahnt er. Kain redet mit dem Bruder, doch dann schlägt er ihn tot. Der lakonische Bericht dieses heraufbeschworenen Brudermords erfuhr seine Deutung mit Christus, dem guten Hirten, dessen schuldloses Vorbild der Hirte Abel war. Auch die blutige Opferung verbindet beide. Damit wird die Zwietracht zwischen Bauer und Hirt über Acker- und Weideland zum Motiv heilsgeschichtlicher Sinnstiftung. Darin figuriert auch der Gegensatz von duldender Demut und zornigem Aufbegehren. Der warnende Gott stößt sich am grimmigen Aussehen Kains: „Warum verstellt sich deine Gebärde, ist's nicht also? wenn du fromm bist, so bist du angenehm; bist du aber nicht fromm, so ruhet die Sünde vor der Tür." Dann „verstellt" sich Kain nach der Tat mit seiner Gegenfrage, ob er der Hüter seines Bruders – des Hirten! – sei, ingrimmig alle fromme Reue vor dem Herrn. Eine entsprechende Veranschaulichung liegt der frühchristlichen Kunst fern. Auf einem Sarkophag steht Kain sogar dem im Segensgestus thronenden Gottvater zunächst; nur durch die Opfergabe ist er von Abel unterschieden. Hier ist die Opferszene – in den späteren Bibelillustrationen dann der Brudermord – nur eine Fortsetzung der Geschichte von Adam und Eva. Im Mittelalter werden das Opfer, der Brudermord und das Verhör Kains selbstän-

Formale Eleganz und erzählerischen Bildsinn vermittelt diese Darstellung von Kain und Abel auf dem Lüneburger Tragaltar. Ende 12. Jahrhundert.

dig dargestellt. Mit der Renaissance wird die Gewaltsamkeit nackter Körper verbildlicht, doch ohne tiefere Sinngebung.

Der Lüneburger Tragaltar (Ende 12. Jahrhundert) vereint formale Eleganz mit schönem Sinn: verbindet sich doch das Opfer der Eucharistie mit einer seiner Präfigurationen. Subtil wie die deutende Geste der zu Abel hin geöffneten Rechten Gottes ist auch der Unterschied der Brüder. Abel ist „angenehmer" im Gesicht als Kain und hat seine Hände ehrfürchtig verhüllt. Dies verdeutlicht auch die Darstellung an einem romanischen Kapitell von Moutiers-Saint-Jean (heute Fogg Museum, Boston, Mass.). Abel ist ein hübscher Knabe mit langem Haar, das sich an den Schultern ähnlich einringelt wie die Locken des Lammes. Dieses lockige Schäflein wird von der Segenshand Gottes fast zutraulich berührt; Kains Ährenbündel wirkt dadurch besonders vergeblich dargeboten. Bei Abel ist alles in weich-lebhafter Schwingung: das gefältelte Gewand, das handverdeckende Opfertuch, die Haarlocken. Bei Kain durchzieht kantige Härte die Gestalt. In geradezu ungefüger Bewegung präsentiert er auf großen unbedeckten Händen seine festgezurrte Garbe. Er ist sichtlich nicht begünstigt, bis in den Bart durchfurcht ihn die Härte der Zurückweisung. Fast möchte man meinen, daß in diesem stilsicheren Gegensatz zum „angenehm" frommen Abel sich ein nachdenklicher Zug des Bildhauers mitteilt. Die lateinische Inschrift „CAIN CVM LOLIO" bezichtigt Kain allerdings, „Lolium" unter die Ähren gemischt zu haben. Dieses auf deutsch Lolch genannte Ackerunkraut verrät seine schwindelerzeugende Wirkung mit der Benennung „Tollgerste" oder „Taumellolch". Kain opfert also als „Schwindler" und Betrüger. Kains Vorbedeutung für den Verräter Judas wird angesprochen.

In der Wiener Genesis (11. Jahrhundert) opfert Kain, der kein beschauliches Schäferdasein, sondern ein mühseliges Bauernleben führt, auf Einflüsterung des Teufels nur leeres Stroh und erschlägt den Bruder aus Neid. Biblisch dagegen ist die ruhelose Getriebenheit zu zivilisatorischem Geschick. Gott verflucht den Bodenständigen, nicht von seinem Acker zu leben, sondern unstet umherzuziehen. Mit dem Kainsmal bezeichnet, damit der Tod ihn meidet, lebt er jenseits von Eden im Lande Nod (hebräisch „Vagabund"). Seinem Sohn Henoch erbaut er eine Stadt; unter seinen Nachkommen sind die Begründer der Landwirtschaft, der Musik und der Schmiedekunst. Literarisch formt sich daraus – anders als in der gleichbleibend typisierenden Bildtradition – ein unruhig wissender Kain. Sein fluchbeladenes Mordwerkzeug kennt die mittelalterliche Legende genau: Es war ein Ast vom Baume der Erkenntnis.

JOSEPH, DER LIEBLING JAKOBS – VOR IHM NEIGEN SICH DIE KORNGARBEN

Die Bibel berichtet von einem ähnlichen Bruderzwist, der Generationen nach diesem finsteren Urmord nicht so fluchbeladen endete. Im Gegenteil – die Geschichte von Joseph und seinen Brüdern handelt in optimistischer Synthese von der menschlichen Selbstverantwortung und der Fügung durch Gottes Plan. Joseph deutet auf Christi Leben und Erlösungstat voraus. Thomas Mann gewann in seinem Joseph-Roman (1926–1942) der biblischen Erzählung eine vielschichtige Modernität der Bewußtseinswerdung ab. Mehr noch als bei Ruth offenbart gerade der Umweg die heilsgeschichtliche Fügung. Joseph, Jakobs Lieblingssohn, ist seinen älteren Stiefbrüdern ein Dorn im Auge. Beschenkt mit einem kostbaren Rock, sieht er sich auch in seinen Träumen bevorzugt: Die Korngarben der Brüder verneigen sich vor seiner Garbe, sogar Sonne, Mond und Sterne – die Familie – neigen sich vor ihm. Die Brüder rächen sich. „Seht der Träumer kommt! ... Laßt ihn uns erwürgen ... und sagen, ein böses Tier habe ihn gefressen, so wird man sehen, was seine Träume sind." In einen trockenen Brunnen geworfen, sodann verkauft, kommt Joseph nach Ägypten. Seine Brüder täuschen Jakob mit dem von Ziegenblut befleckten Rock. In Ägypten steigt Joseph zum Hausverwalter des Obersten der Palastwache, Potiphar, auf. Dessen Weib begehrt ihn, aber bei ihrem Zugriff hinterläßt er nur sein Kleid, das der Wütenden als Corpus delicti einer von ihm angeblich versuchten Verführung dient. Nach abermaligem Sturz, ins Gefängnis, wird er als dort erprobter Traumdeuter zum Pharao gerufen. Dessen Träume von sieben fetten Kühen und siebenfacher Ährenfrucht, welche von sieben dürren Kühen und Ähren gefressen werden, deutet Joseph als fruchtbare und dürre Erntejahre. Durch Bevorratung sichert er die Wirtschaft. Zu dem zu höchsten Würden Aufgestiegenen kommen untertänig die Brüder, um wegen der Hungersnot Getreide zu kaufen. Sie erkennen Joseph nicht, er sie schon, und er behandelt sie als feindliche Kundschafter. Nach einer kalkuliert erpresserischen, doch heilsamen List offenbart er sich endlich als der verschollene Bruder. Er verzeiht tief bewegt, da er den Plan Gottes erkennt, daß der Stamm Jakobs bei ihm in Ägypten leben solle.

ZWEI DARSTELLUNGEN DER JOSEPHSLEGENDE: VATIKAN UND VENEDIG

Deutende Vorausschau und die Vorsehung, ihre Erfüllung durch körperliche Versklavung des seherischen Geistes – das ist die Zusammenschau der Josephsfresken in der siebten Loggia des Vatikans. Raffaels Werkstatt hat in dieser 1519 vollendeten Galerie einen alttestamentarischen Freskenzyklus geschaffen, der in das Neue Testament mündet. Josephs Traumerzählung und seine Deutung von Pharaos Träumen stehen in Sinnentsprechung. Ebenso sein Verkauf am Brunnen und die Flucht vor Frau Potiphars Begierde: Fatale

Abel, der „Gott gefällige" und sein „dunkler Bruder" Kain an einem romanischen Kapitell von Moutiers-Saint-Jean. Die lateinische Inschrift „CAIN CVM LOLIO" bezichtigt Kain, er habe Tollgerste oder Taumellolch unter die Ähren gemischt.

Joseph-Zyklus in den drei Mosaik-Kuppeln der Vorhalle von San Marco in Venedig. Spätes 13. Jahrhundert. Joseph gilt als biblischer Erfinder moderner Vorratswirtschaft durch die Errichtung von Getreidespeichern.

Augenblicke des Fatums. Symbolisch mit der Gestalt des Traumerzählers verbunden, prognostiziert die Palme einen durch Leid aufstrebenden Gerechten: Ihr Bildecho ist der tiefe, dunkle Zisternenschacht zu Füßen des Verkauften. Auge und Wissen des Betrachters ordnen die vier exemplarischen Szenen bis in ihre „übergeordneten" Bezüge.

Auf ganz andere Weise vielsagend ist die Schilderung des „Verlaufs", wie er in drei Mosaikkuppeln der Vorhalle von San Marco in Venedig veranschaulicht wird. In kreisender Erzählung wandern die Gedanken zusammen mit dem Blick, gehen darin auf, bis der Sinn sich rundet und erfüllt. Nach der Eroberung von Byzanz (1204), der Schändung der einstigen Herrscherin über Venedig, ließ die Serenissima als Schmuck ihrer Erwähltheit die Vorhalle ihrer Staatskirche mit Mosaiken zieren. Die erste Kuppel war um 1220 fertiggestellt; der Abschluß des Joseph-Zyklus erfolgte erst im späten 13. Jahrhundert. Unter den biblischen Hauptereignissen bis hin zu Moses beansprucht er den größten Raum. Die Thematik kennzeichnet die Vorhalle als Stätte reinigender Vorbereitung, da Moses sein Volk bis an die Schwelle des verheißenen Landes geführt, es aber nicht betreten hat.

Für San Marco war Ägypten von besonderer Bedeutung: hatte man doch von dort den Körper des Stadtheiligen geraubt, der in Alexandrien Bischof und Märtyrer war. Bei solch heilsgeschichtlicher Verankerung strukturiert das

Selbstverständnis dieser expansiven See- und Handelsrepublik die Gestaltung der Josephs-Mosaike sehr deutlich. Ein auch künstlerisch immer entschiedener werdendes Selbstbewußtsein teilt sich dem Betrachter mit: Man begriff und bekräftigte zuletzt das zivilisatorische Spiegelbild als einen Aspekt der Josephsgeschichte. Gewiß bedingte die lange Zeitspanne der Arbeiten den Stilwandel, aber dieser Zufall blieb nicht blind, er verhalf zu reflektierter Einsicht in den biblischen Stoff. Zunächst wurde die Bildsprache von einer spätantiken Handschrift des 5./6. Jahrhunderts, der sogenannten Cotton-Bibel (London) geprägt, dann entwickelte sich eine eigenständige Auffassung. Die erste Kuppel zeigt die Jugend Josephs in Kanaan, beginnend mit dem schlafenden Träumer. Links davon schließt sich der Kreis mit der Verzweiflung Jakobs angesichts von Josephs Rock. Vor dem ausgebreiteten Goldgrund formieren sich Gruppen und bilden Zusammenhänge. Folgsam wandert Joseph durch die Szenen der Bilderzählung. Auch der Brunnen wandert mit, steht aber umso betonter „unten" auf dem Kuppelring. Ein dahingleitendes Agieren durchläuft die Erzählung. So wie schwingende Kurvierungen den Träumer inselartig umfangen, so veranschaulichen diesen beweglichen Fortgang die schwingenden Landschaftslinien, die das Ziehen der Karawane unterstreichen, und deren Reitkamele selbst wiederum mit zügigen Schwüngen beschrieben werden. Bei der zweiten Kuppel hat sich ein künstlerischer Generationswechsel vollzogen. Alles ist verfestigter und dichter, der Goldgrund weniger dominant. Die Figuren sind bunter, differenzierter im Ausdruck und auch größer geworden – „erwachsener" eben – und werden von (Palast-)Portalarchitekturen fest umfangen, was vorher nur beim Haus Jakobs angedeutet wurde. In buntem Szenenwechsel werden Josephs Schicksalswendungen in Ägypten nachvollzogen, und in der dritten Kuppel sein Wirken im höchsten Hofamt gewürdigt. So planvoll wie Josephs Handeln für Ägypten und gegenüber seinen Brüdern, so planvoll wird im Kuppelrund die Erzählung streng symmetrisch aufgeteilt. Die eine Hälfte zeigt in jeweils zwei Szenen die fetten und die dürren Jahre; die andere das Wiedersehen mit den Brüdern. Jetzt stehen auch die Figuren in einem räumlichen Kontinuum auf „tatsächlichem" Boden. Unterschiedlichste seelische Empfindungen spiegeln sich. Joseph, der Gebieter, beherrscht anweisend das Geschehen und durchwandert es nicht mehr. Waren dort die ziehenden Kamele Ausdruck der Bildstruktur, so ist es hier die fest verfugte Stereometrie der Pyramiden. Aufgrund einer seit frühchristlicher Zeit verbreiteten Legende sind sie die Kornspeicher, die Joseph für die Dürrejahre errichten ließ. Umso abrupter wirkt da die klaffende Lücke vor dem Schild eines Soldaten, welche die ineinander verschränkte Erzählweise plötzlich stocken läßt. Sie bezeichnet die dramatische Spannung der Lage, da Joseph, der Würdenträger, inmitten einer gepanzerten Leibgarde vor der aufgebracht kornfordernden Menge abgeschirmt werden muß. Ein besonders wirklichkeitsnaher Zug. Es deckt sich der konsequente Wandel der Kompositionsweise augenfällig mit der rationalen Komponente im Sinngefüge der Geschichte. Josephs Schicksal also nicht nur als Gleichnis Christi verstanden, darin Joseph, der Retter seines Volkes, Christus, dem Retter der Menschheit, entspricht, auch nicht als allgemeines Beispiel der göttlichen Lenkung aller Verirrungen menschlicher Schuld zu einem gnädigen Ende – sondern im Sinne der Lösung vom zyklischen Denken, dem Fruchtbarkeit und Dürre als naturleiblich bestimmtes Dasein widerfährt. Aus dieser mythischen Vor-Zeit beginnt ein linear gerichtetes Zeitdenken herauszutreten und wendet sich verstehend einer erkennbaren Fernbestimmtheit zu. Das Dasein, das wie in Traumbefangenheit im zeichenhaft Ungefähren sich ereignet, wird durch Absicht verdeutlicht und ausgerichtet. Mit diesem Denken vollzieht sich aus organisatorischer Vorsorge des Speicherns schließlich vorausblickender Fortschritt. So hat Thomas Mann im Roman des biblischen Joseph „die Geburt des Ich aus dem mythischen Kollektiv" gesehen, die den langen Prozeß der Bewußtwerdung, der menschlichen „Selbstverständigung" einleitet. Dann entsteht „Geschichte" auf dem Boden volkswirtschaftlicher Gesetzmäßigkeit, Natur wird objektiviert und zuletzt wissenschaftlich bestimmt. Und im Entdecken entschwindet der geheimnisvolle Schein.

Demeter entsendet den Triptolemos mit Getreideähren, um die Menschen den Getreideanbau zu lehren.

DIE ERGRIMMTE DEMETER UND DAS LÄCHELN DER KORE

Der in Ägypten sterbende Jakob sagte im Angesicht seines Todes zu Joseph, er sei vom Allmächtigen „gesegnet mit Segen oben vom Himmel herab" und auch „mit Segen von der Tiefe", dem „Segen der Brüste und des Mutterleibs". Solchen Segen der Erde verkörpert im zyklisch-leiblichen Mythos der Antike die griechische Demeter mit ihrer Tochter Persephone (die römische Ceres und Proserpina). Demeter war die ursprüngliche Korn-Mutter als Tochter des Kronos und der Rhea. Durch Zeus wurde sie Mutter der Persephone. Als Hades diese in seine Unterwelt entführte, mied Demeter die Gemeinschaft der Götter, irrte suchend durch die Länder und kam zu König Keleos von Eleusis; dessen Frau Metaneira erkannte sie als Göttin. Demeter verhinderte alles Wachstum, bis Zeus Persephones Rückkehr gebot, damit sie eine Hälfte des Jahres auf der Oberwelt weile. Mit ihrer Mutter wurde sie als „Kore" (Mädchen) in Eleusis bei Athen als Fruchtbarkeitsgöttin verehrt und zeigte als Tochter freundliche Züge: Darin erklärt sich die wiedererwachende Natur. Diese Mysterien waren agrarischer Bestandteil des attischen Staatskultes. Ein berühmtes Weiherelief zeigt die Entsendung des Triptolemos (der „Dreimalschüttler", also gründlicher Worfler), eines Sohnes von Metaneira. Demeter und Kore geben ihm Ähren, damit er die Menschen den Getreideanbau lehre und zu bäuerlich gesittetem Leben führe. Aus Tod und Geburt der Rettergottheiten erfolgt so eine Weiterdeutung auf geistige, versittlichende Elemente. Zugleich gehört aber das „Unaussprechliche", die Scheu, notwendig zum Wesen aller antiken Mysterien als einer eigenen religiösen Kategorie.

Ottavio Mostos Figur der Ceres, die er 1690 für den salzburgisch-fürstbischöflichen Mirabellgarten schuf, läßt von der ehrfurchtgebietenden Erdverbundenheit ihrer Mysterien nichts mehr ahnen. Ohne eleusinischen „Demeterzorn" blickt sie mit schwebendem Lächeln, als wäre sie selbst ganz und gar „Kore", und kokettiert mit dem Ährenbündel. Als Steinskulptur voll körperwarmer Üppigkeit vertritt sie die Reife des Sommers im Kreis der Jahreszeiten-Göttinnen und erinnert nur noch fern an die mütterliche Gebieterin des Wachstums. Dabei steht ihr hier der „Koreraub", das begründende Mysterienmotiv vor Augen. Beim Brunnen inszeniert Mosto den Mythos mit theatralischer Wucht:

Eine erdschwere Steinskulptur voll körperwarmer Üppigkeit schuf Ottavio Mosto mit seiner Figur der Ceres (1660) für den Salzburger Mirabellgarten.

Ceres mit Bacchus und Venus als dem Leben zugeneigtes Göttertrio. Entwurf für ein Wirtshaus(-Schild) von Martin Johann Schmidt („Kremser Schmidt"). 18. Jahrhundert.

Wie die räuberische Macht des finster blickenden Hades die hell aufschreiende Proserpina fortschleppt, das steigert die Darstellung des Erdelements mit unterweltlichem Schrecken. Den sittlichen Beschluß der drei eleusinischen Mysterienmotive, die „Triptolemos-Mission" als agrarisches Vermächtnis humanen Handelns, statuiert exemplarisch die Gruppe schräg gegenüber. Voll Sohnesliebe trägt Äneas den Vater aus dem mythischen Kriegsbrand Trojas zu römisch-zivilisatorischer Fortkommenschaft – so, wie es Vergils geschichtsbewußter Rückblick mit Venus als Stammutter begründete. Bei aller staatstragender Verpflichtung Aphrodites als Venus in der politisch angewandten Mythologie Roms erinnerte Terenz dann mit einer witzigen Spruchweisheit auch an die ursächlichen Freuden der Göttin, welche unter dem Gebot einer die Liebeslust nährenden, lebensfrohen Götterverbindung stehen: „Sine Cerere et Bacho friget Venus" – ohne Ceres und Bacchus friert Venus.

Diese göttlich menschenfreundliche Sentenz war bis ins 18. Jahrhundert so geläufig, daß Martin Johann Schmidt („Kremser Schmidt") in einem Entwurf für ein Wirtshaus(-Schild) lockeren Strichs damit spielte. Auf erdnaher Wolke lagert Ceres zu Füßen von Bacchus und Venus. Ein Jüngling liegt sehr leger vor einem Getreidefeld und wird von Amors Pfeil attackiert. Drinnen im Korn deutet ein heftiger Knäuel auf weiter fortgeschrittene Aufstachelungen durch Amor. Am soliden Gasthaus prangt als Namensschild der Löwe – er ist zugleich das hitzige Sommergestirn. Im spielerischen Zitat löst sich Demeters Mythe als Liebeslächeln im Kornfeld auf. Tod und Unterwelt gehörten einst zu ihren Ursprüngen, so wie das Getreidekorn erst ins Erdreich muß, um wirksam zu werden. Was im Rokoko als scherzhaft-witzige Spielerei anklingt, war einst die Würde der reflektierten humanistischen Spielform: das „Wieder-holen" der entschwundenen Mythen zu neuem Dasein.

DIE ERNTE DER WILDEN LEUTE

Ein Rücklaken aus der Schweiz (Österreichisches Museum für Angewandte Kunst, Wien, um 1475) entrollt mit seinen Darstellungen das Leben Wilder Leute bei der Landarbeit voll treuherzigem Raffinement. Ehe die Renaissance die antiken Satyrn wiedererweckte, drängten in der spätgotischen Kunst naturdämonische Wildleute vom Rand der Welt herbei. Auf zahlreichen Teppichen sollte ihr Tun und Treiben voll pittoreskem Zauber ein ursprüngliches Leben „wider"spiegeln. Im pikanten Kontrast zur höfisch-galanten Ritterverklärung sind sie von tierhaft zotteliger Primitivität, Kinder der Erdnatur. Darin liegt auch hier der spielerische Witz. Die Schriftbänder beteuern das Vorausschauende ihrer Landbestellung: die Besorgung der Wintersaat für die Sommerernte, damit „wir den Winter beieinander bleiben", die Treue bei der Ernteeinbringung, das sorgliche Binden zum Wiederfinden des Getreides – das alles versichert voll redlicher Doppelsinnigkeit ein Spiel mit dem Ein-Verständnis. Vorausblickender Urzustand, ungetrennte Verbundenheit, bleibende Treue sind Spiegelbilder einer ersehnten ursprünglichen Naivität: Nur ein Traum von Wirklichkeit, ein wissentlicher Traum, wie ihn die Wirklichkeit späterer Zeiten träumt.

ZEIT UND WELT DER STUNDENBÜCHER

In Johan Huizingas klassischem „Herbst des Mittelalters" (1919) findet die heftig flackernde Sphäre dieser Traumwirklichkeit ihren Ausdruck. Wildmannmaskeraden waren höchst beliebt auf Hoffesten; grausig berühmt wurde der katastrophale „Fackeltanz" der Wilden, der ein Mordversuch am französischen

Damit „wir den Winter beieinander bleiben" – Einen spielerischen Kontrast von „wilt und zam" bietet dieser spätgotische Bildteppich mit seiner Gesellschaft von Wilden Leuten bei der Getreideernte.

König Karl VI. (1380–1422) war. Dessen Onkel Jean, Duc de Berry (1340–1416), war ein großer Liebhaber von Stundenbüchern, deren schönstes die Très Riches Heures der Brüder Limburg sind. Diese Bilder sind augerfreude Träume einer zauberisch nahegerückten Fernsicht auf bizarre Schlösser mit Menschen voll kostbarer Anmut und köstlicher Derbheit davor. Unter diesen ab 1413 ausgeführten Miniaturen zeigen Juli und August Feldarbeiten vor des Herzogs Schlössern Poitiers und Étampes. Das Julibild ist ein Schmuckstück des Idyllischen. Auf der Weide Schafschur und jenseits des Bächleins die Getreidemahd; eine sanfte Eintracht, die von Bruderhaß ebensowenig weiß wie Schloß Poitiers hier von geschlagenen Entscheidungsschlachten. Im August wird das Korn gebunden, geladen und gedroschen, im Flüßchen sucht man Abkühlung. Vorne erscheint eine kostbar gewandete Hofgesellschaft auf Falkenbeize: eine exquisite Jagdunterhaltung inmitten der Landarbeiten.

Die Wirklichkeit war nicht so ideal, aber gerade vor diesem Hintergrund kann der fruchtbare Aspekt des „guten Regiments" vor Augen gestellt werden. Dessen berühmteste Stadtallegorie malte Ambrogio Lorenzetti 1338–1340 im Palazzo Pubblico von Siena; sie gilt als stilvermittelnder Vorläufer zu den Kalenderbildern der Brüder Limburg. Warnendes Beispiel des schlechten Regi-

Die Rivalität zwischen Siena und Florenz, aber genauso die Nöte der Zeit stehen im politischen Hintergrund dieser „Miniaturen von der guten und schlechten Ernte" aus dem „Specchio umano", einer Prachthandschrift des Florentiner Getreidehändlers Domenico Lenzi. Um 1340.

ments ist, gleichfalls im kommunalen Beratungszimmer, die Stadt Babylon. Der „Specchio umano" (der menschliche Spiegel), eine Prachthandschrift des Florentiner Getreidehändlers Domenico Lenzi, macht um 1340 eine realistische Gegenrechnung zu Siena auf. Dort wird in zwei Miniaturen die Schande (infamia) Sienas geschildert, das bei einer Hungersnot die Armen aus der Stadt jagte, während Florenz sie rühmlich (fama) aufnahm und speiste. Die allegorische „Gleichung" steht auf zwei anderen Blättern: den Darstellungen der guten und schlechten Ernte. Das jeweilige „Ergebnis" zeigt den Verkauf des Korns aus behäbig gefaßten Scheffeln beziehungsweise die erschütternd tumultuarische Szenerie mit den wenigen, mageren Scheffeln vor Orsanmichele mit dem Gnadenbild Mariens. Stets agiert über der Szenerie ein Engel als Künder himmlischer Botschaften durch den Schall dreier Tuben. Die üppigen Zeiten begleitet er mit moralischen Warnungen und schüttet aus vollen Händen Korn herab. Streublumen auf dem Bildgrund zieren die paradiesischen Zustände. In jammervollen Zeiten von Mißernte, Teuerung und Hungersnot wendet sich der Engel ab, fliegt himmelwärts, seine Tuben sind zerbrochen. Statt dessen schwebt über dem Geschehen eine düster umwölkte Gestalt mit Fledermausflügeln. Es ist – gottgesandt – „crudelitas", die Grausamkeit von Plagen und Hunger. In der von Ordnungssoldaten kaum zu bändigenden Kaufgier nach der Mißernte stellt das marianische Gnadenbild die Ursache der Strafe vor Augen: Die Habgier der Menschen nimmt in guten Zeiten Gottes Gnade ohne Dank für selbstverständlich. Daher fehlt dieser Gnadenaltar beim Verkauf der reichen Ernte. Die Reue, durch ein Kerzenopfer vor dem Gnadenbild kenntlich, kann die Strafe zur Gnade wenden. Lenzis Buch ist – von den gesammelten Kornpreislisten bis zu den mahnenden Allegorien – eine Reakti-

Bauern liefern den Getreidezehent ab. Flandrische Buchmalerei.

on auf die Nöte dieser Zeit und, wenn auch unter religiösem Vorzeichen, ihr realistisch-lehrhafter Spiegel. Die schwarze Pest kam dann bald (1347) und flackerte (seither) immer wieder auf. Sie schonte auch nicht den Daseinsglanz der Très Riches Heures, indem sie ihre Schöpfer 1416 dahinraffte und das Werk unvollendet ließ.

Die Monatsdarstellungen solcher Stundenbücher, die der privaten Andacht und der Schaulust dienten, öffnen und versenken zugleich den Blick. Er wird durch Allegorien gefesselt, aber auch ganz profan genauester Gegenständlichkeit zugeführt. Im Detail objektiviert sich die Welt und erhält eine nüchterne Überprüfbarkeit. Dieser Darstellungscharakter in den Stundenbüchern vom Ende des 15. und Anfang des 16. Jahrhunderts entspringt einer intensiven Lust an der Einzelheit, um dann von selbst in die detailgetreue Erzählung, das Genre, überzuleiten. Unausweichlich folgt daraus die latente Komik, die solch scharfer Beobachtung entspringt. Das Breughel-Element ist im niederen Genre des Ländlichen schon fast vollständig enthalten und tritt als Burleske auf.

Deren Komik birgt eine satirische Lehrhaftigkeit, die viel von der einstigen frommen Anmahnung überlagert. Natur und „Naturell" werden scharf charakterisiert und sehr von außen her beobachtet. Aus der abschnitthaften Schilderung des Profanen in den Bildleisten der Kalendarien formen sich bei Breughel später episch große Momente, in denen die Naturwelt zum Schauplatz der

Von Breughels Monatsbilder-Zyklus (1565) gibt es noch fünf Bilder: hier das Julibild „Die Kornernte".

Grana veluti putrefacta nouas meditantur aristas
Sic VITÆ MORS est hæc quoq; PRINCIPIVM.

Wie Lichtstrahlen aus dem Dunkel der Nacht entsprießen Kornähren aus dem Totenkopf. Allegorisches Sinnbild im „Nucleus Emblematum" (1611) des Gabriel Rollenhagen.

Menschennatur wird. Erst spät durchdringen sich beide; im Frühwerk streben sie disparat auseinander.

PIETER BREUGHELS UNBEHAGLICHES SCHLARAFFENLAND

Die artifizielle Monatsbilderwelt der Brüder Limburg bestand aus dem schmuckstückhaft farbklingenden Reiz erlesener Natur. Breughels Welt im Monatsbilder-Zyklus (1565 datiert) – von dem noch fünf Bilder existieren – lebt und weitet sich durch seinen Erzählatem zu natur-menschlichen Daseinsräumen. An ihren Rändern aber wacht eine abgründige Ferne. Im Dezemberbild mit den Jägern im Schnee dringt das Auge zwischen den fallenden Bilddiagonalen stockend über Umrißhaftes langsam in die frierende Welt vor. Im Juli dagegen gleitet der Blick von den Bündeln der Ernte übers wogende Korn in wellenförmigen Linienschwüngen zum dunstigen Horizont. Vorne, neben der Brotzeit der Schnitter, liegt unter dem schattenden Baum ein Schlafender. 1567 schuf Breughel nach diesem zuinnerst kreatürlichen Gleichklang von nährender Erde und ihrer menschlichen Bestellung ein Bild scheinbaren Wohlergehens ohne viel Arbeit. Da liegen drei Männer radial unter einem Baum, der einen wohlbereiteten Brotzeittisch trägt. Der Betrachter muß sich durch die allenthalben als Speise sich entpuppenden Vexiergebilde essen und erkennt daran das Schlaraffenland. Über Fülle und Dauer all dieser zu inspizierenden Einzelheiten spürt er immer stärker die Reglosigkeit. Es wird immer beklemmender und strapaziöser. Ein Ritter liegt wie von seiner Turnierlanze gefällt, ein Bauer wie von seinem Dreschflegel erschlagen, ein Schriftgewandter glotzt stupid. Kreisender Stillstand erfüllt das Bildparadox, ein lastender Wohlstand, in dem doch alles wie auf der Kippe liegt. Der einzige, der sich müht, ist ein absonderlich kopfüber kriechender Mensch mit Muslöffel, der sich durch das süße Breigebirge aus Grieß oder Hirse gleich einer Made durchgefressen hat; an einen dürren Baumast geklammert, hat er endlich das trügerische Land untätiger Völlerei erreicht. Das Beängstigende an diesem Bild ist die wachsende Befremdlichkeit beim Betrachten der Utopie des Wohllebens. Die natürliche Vegetation aber ist kümmerlich und welk, was bei aller Skepsis Breughels gegenüber dem engeren Bereich menschlicher Torheit so nie der Fall ist.

„SICH SATTSEHEN" – BAROCKE ALLEGORIEN

Dieser Zerfall ins Doppelbödige wird in Polarität zu Breughel beim Zeitgenossen Arcimboldo durch humoristische Zusammenfügungen nur ins absonderlich Bizarre gewandelt. Zwar erscheint das Vertraute ebenfalls unvertraut, aber das borstig-ährenbüschelige Bild des „Sommers" im kunstvollen Strohgewand, das Signatur und Jahrzahl 1563 zeigt, ist eher frappierend komisch als unheimlich. Diese demonstrativ sinnenhafte Formerfindung durch bildhaftes Zusammensetzen sommerlicher Hervorbringungen, um „Natur mit Kunst zu beschatten", d. h. mit malerischem Sinn zu vermählen, wie es in einem zeitgenössischen Lobgedicht heißt, – das erinnert an die kombinatorische Praxis einer anderen allegorischen Sinnstruktur. Ein ausgezeichnetes Beispiel bietet sich in dem 1611 erschienenen „Nucleus Emblematum" des Gabriel Rollenhagen an. Ein Totenkopf bildet hier wirklich den „nucleus", den „Kern" für das

FLAVESCENT segetes cum Sol volet, mala justo
Tu melius rediget tempore, longa dies.

Humoristische und dabei etwas unheimliche Züge verrät das allegorische Jahreszeitenbild „Sommer" (1563) von Giuseppe Arcimboldo.

Emblem. Die Sanduhr trägt den Schädel als dingliche „Verkörperung" der verrinnenden Zeit, die brennende Kerze symbolisiert Vergänglichkeit, ist aber auch Leuchtzeichen eines höheren Lebensgeistes. Auch sind die Ähren, die den Schädel, die toten Augenhöhlen durchwachsen, Sinnbild des neu zum Lichte sprossenden Lebens. Will Arcimboldo durch sinnliche Formen sommerlich gereifter Fülle überraschen, so nötigen hier zeichenhafte „Reste" zu kombinierender Meditation. In illustrierender Sinnfälligkeit gleicht daher der Beerdigungszug der Ernte im Kornfeld, gemäß dem (lateinischen) Motto „Der Tod ist der Beginn des Lebens". Strukturell ähnlich, aber gegensinnig in der Bedeutung des Lichts, ist das Emblem „Sie werden reifen". Es versinnbildlicht die Kraft der strahlenden Sonne über den Garben des Kornfelds. Hier geht es nicht um übernatürliches Leben im himmlischen Licht, sondern um das irdi-

Manna – „Das Brot des Herrn" senkt sich wie Tau auf das die Wüste durchwandernde Volk Israel herab. Federzeichnung (1766) von Gottfried Bernhard Götz.

sche Licht langer, heißer Sonnentage, in denen die Früchte der nährenden Natur „zur rechten Zeit reif werden", wie die Unterschrift erläutert. Alles bedarf der Reifung durch die Zeit – ob im Diesseits oder zum Jenseits. Schon die Rundform der Bilder zeigt an, daß jedes dieser Embleme als Konzentrat, als „nucleus", den Sinn der Welt und des Betrachters versammeln und der Zerstreuung entgegenwirken soll.

An dieser vielsinnigen Welt konnte und mochte sich der Barock nicht „sattsehen". Der Gelehrte Typotius umschrieb 1603 solche Symbolbilder mit „Seelenspeise", und der Augsburger Geistliche Mattsperger sprach 1685 in einem Lobpreis der Sinnbildkunst vom „Manna" des biblischen „Schau-Essens". Im Laufe des 18. Jahrhunderts wurde der „Augsburger Geschmack" hierin ebenso stilbildend wie alsbald anrüchig. Namentlich der aus Böhmen stammende Gottfried Bernhard Götz schuf in seinen Vorlagen wilde Erfindungen für das mit Kupferstechern florierende Augsburg. Die Federzeichnung mit dem „Mannaregen" von 1766 gehört zu seinen beruhigteren Werken. Moses' Volk sammelt in der Wüste am Morgen das, was „rund und klein" wie Reif am Boden lag. Die Frage, „man hu", d. h. „was ist das?" wurde dann zum „Manna", als Moses erklärte, es sei „das Brot, das euch der Herr zu essen gegeben hat". Das eucharistische Opfer, das himmlische Brot Christi, erscheint sonnengleich darüber, durch eine Wolke noch verborgen, und wird über einer Patene gebrochen.

Weniger verrätselnd als im Hochbarock, sondern mit geschmeidigem Erzählsinn, will man im 18. Jahrhundert durch vergnügliche Lebensnähe die komplexe Deutung biblischen Glaubens und frommer Geschichte einem sinnenfrohen Auge entdecken. Der Hunger nach wundersamer „Schau" wird im Rokoko, dem Spätstil, der so bildreich heiter fruchtete, auf herzhafte Weise gestillt.

Mit selbstbewußtem Gottvertrauen weist die Bauernmagd Notburga von Rattenberg auf das Rupertikirchlein. Mit einem Sichelwunder unterstützte Gott ihren Wunsch, beim Vorabendläuten von Sonn- und Feiertagen ihre Arbeit für Gebet und Andacht niederlegen zu dürfen. Deckenfresko Jakob Singers (1735–38) in der St.-Notburga-Kirche in Eben/Tirol.

DAS SICHELWUNDER DER HL. NOTBURGA

Diesem heiteren Gottvertrauen entspricht die volksfromme Ausstattung der St.-Notburga-Kirche in Eben/Tirol auf inbegriffliche Weise. Dort war Notburga von Rattenberg (1265–1313) Dienstmagd eines Bauern, ihr Grab wurde zum Wallfahrtsort. Unter den 1735–1738 freskierten Deckenbildern Jakob Singers aus Schwaz zeigt das zentrale Bild ihr populärstes Wunder. Als ihr Dienstherr sein Versprechen nicht hielt, daß sie beim Vorabendläuten von Sonn- und Feiertagen die Arbeit niederlegen und im Rupertikirchlein beten dürfe, rief sie Gott zum Zeugen an und warf entschlossen die Sichel in die Luft, wo sie – o Wunder – hängenblieb. Dieser Augenblick wird voll unmittelbarer Frische gezeigt, und zwar mit einer damals für ein Deckenbild äußerst ungewöhnlichen Detailgenauigkeit der mächtigen Bergwelt rings um den Achensee. Vor solch landschaftlicher Bekräftigung des Geschehens hier an diesem Ort will naive Einprägsamkeit das Gemüt der Wallfahrer beeindrucken. Kraftvoll wird das ungläubige Staunen des Dienstherrn charakterisiert, überwältigt kniet eine Schnitterin; doch keineswegs verwundert, sondern in bestätigter Entschlossenheit weist Notburga auf ihr Kirchlein hin. Die Sichel aber strahlt als ein wunderbarer Segen über Berg und Tal von Eben. So wie hier kommen auch auf den anderen Fresken Stil und volksfromme Schaulust zu völliger Übereinstimmung. Die Pilger am Grab der Heiligen konnten im Blick auf Notburgas Feldarbeit und beherztes Gebet auch sich selbst wiedererkennen und so sich selbst erfahren. Darin liegt die schöne, menschliche Dimension dieses ländlichen Rokokos.

EIN ARKADIEN ARISTOKRATISCHER LÄNDLICHKEIT BEI THOMAS GAINSBOROUGH

Dieser Stil ermöglicht es aber auch, über ausweichende Umwege sich in distanzierter Annäherung scheinbar ganz natürlich ins Bild zu setzen. Thomas Gainsboroughs Bildnis von Robert Andrews und seiner Frau Mary (um 1748) mag auf den ersten Blick in beispielhafter Weise als ein Eheporträt gelten, wo im Vis-à-vis wohlbestellter Getreidefelder gleichzeitig auch die landadelige Note stimmig mitpräsentiert wird. Auf den zweiten Blick aber zeigt sich ein Rokoko kompliziert-kapriziöser Dialektik. Das Bild, vielleicht anläßlich der Hochzeit entstanden, wird wegen seiner Farbenharmonie gerühmt: etwa wie das helle Blau des Damenkleides und das hellgrüne Gras neben dem Goldgelb des Getreides alles Sommerliche zu fast frühlingshafter Lindheit temperiert. Ähnlich werden die Wolkenballungen ins Duftige gemildert. Holländischer Einfluß spricht noch aus der wirklichkeitsnahen Landschaft dieses Frühwerks: Sie hält die Schwebe zwischen landwirtschaftlicher Flur- und Parklandschaft. Das ist zu dieser Zeit einzigartig. Der englische Gartenstil ist damals noch mitten in seiner Entwicklung. Erst später malt Gainsborough Porträts in seinen berühmten englisch-arkadischen Naturszenerien. Beredter als die gesellschaftlich gehobene Attitüde in der Miene der Porträtierten, die kaum einen lebhaften Funken überspringen läßt, interpretiert ein Blick auf den Boden die tiefere Struktur einer ländlich ironischen Zuständlichkeit. Da herrscht ein Formenspiel aus ineinander verschränkter, sich stützender Labilität: ein Nebeneinander von Jagdhundläufen, leger gekreuzten Jägerbeinen, Büchsenlauf, Wurzelwerk des Baums, an den die Gartenbank-Rocaille künstlicher Natur sich anlehnt. Aus dem Schwung des Kleidersaums lugen spitzige Pantöffelchen. Gegenüber diesem stehenden „Trippeln" von vielerlei Form und Art wirkt als Gegengewicht der Bildkomposition das bildeinwärts sich furchende Feld mitsamt den Getreidegarben umso einfacher und klarer. Der Kontrast wird goûtiert: zwischen der borkigen Baumrinde und dem hellen Teint der Dame, oder zwischen dem knorrigen Wurzel- oder Astwerk und der künstlichen Natur des ornamental geschwungenen Gartenmöbels. Kultiviertheit und Kultivie-

Thomas Gainsboroughs Bildnis von Robert Andrews und seiner Frau Mary zeigt ein Arkadien aristokratischer Ländlichkeit, das gesellschaftlich gehobene Attitüde und schlichtes Naturleben verbindet. Um 1748.

Herbe Größe und schicksalsergebene Duldsamkeit bestimmen „Die Ährenleserinnen" (1857) von Jean François Millet.

rung in wechselseitiger Akzentuierung und im sommerlichen Flair einer übersichtlichen Natur.

ACKEREINSAMKEIT AUF GEMÄLDEN MILLETS

Erst mit dem Realismus des 19. Jahrhunderts, allen voran durch Millet und Courbet, erinnern die Bauern und ihre Feldarbeit wieder an den biblischen Fluch, der seit Adam und Eva darauf lastet. Allerdings blieb der biblische Sinn nur sehr allgemein: die Idee von der Kunst und ihren Formen löste die Sinnfälligkeit ein. Zu Millets Ährenleserinnen bemerkte ein Kritiker, daß ein großer Maler im Kommen sei, „der in Holzschuhen den Weg Michelangelos beschreitet". Tatsächlich sind Millets Gestalten als „Schicksal" schlechthin zu sehen und zu verstehen, und als die unverzichtbare Bindung der Menschen untereinander und zur Natur, wie er selbst bemerkte. Sein damals sehr geschätzter Widerpart war Jules Breton, über dessen Bäuerinnen er spottete, sie seien für das Landleben zu schön, sie sollten nach Paris gehen. Millets herber Größe im Menschheitsempfinden, gerade bei der stumpfmachenden Ackereinsamkeit, setzt Breton die geselligen Momente entgegen. Mit dieser Art „ursprünglichen" bäuerlichen Daseins zeigen sich spätromantische Züge, die auch sein hochgeschätztes Bild „Segnung des Korns im Artois" keineswegs verleugnet. 1857

„Für 80 Centesimi" – Der Bildtitel von Angelo Morbellis Gemälde Reis pflanzender Bäuerinnen in Italien (1895) appelliert an das soziale Empfinden des Betrachters.

öffentlich ausgestellt, wollte Breton vielleicht Courbets „Begräbnis in Ornans" (1850) herausfordern. Nach Bretons eigener Beschreibung konnte die moderne Zivilisation die Silhouette des Dorfes noch nicht entstellen; inmitten „eines Meeres von Weizenfeldern gehen die Bauern auf jenem Weg, der ihren Schweiß aufgesogen hat, dem Schicksal dankbar, dessen Bild sie in dieser Monstranz, die in der Sonne leuchtet, fromm folgen". Es ist kein Zufall, daß man sich bei dieser Darstellung an den „Mannaregen" von Götz zurückerinnern kann, daß aber anstelle der eucharistischen Gottheit „das Schicksal" genannt wird.

1895 malte Angelo Morbelli die Bäuerinnen, die in der Hitze eines Sommertages Reis pflanzen. Nur Morbellis Bildtitel „Für 80 Centesimi" bringt die Schicksalshärte darin auf den Punkt. Denn zugleich ist das Bild in seiner sehr modernen postimpressionistischen Strukturierung durchaus antirealistisch. Mit höchstem ästhetischen Anspruch wird künstlerische Anklage erhoben.

VAN GOGHS SCHNITTER UNTER GLÜHENDER SONNE

Millets Vollender war van Gogh, auch was das Wissen von stumpfer Schinderei bis zur ungefügen Schicksallosigkeit anbelangt. Van Gogh, der einst das Los der Kohlearbeiter in der Borinage in Armut teilen wollte, und ihnen Christi Gleichnisse und auch selbst erdachte predigte, wollte später mit Bildern Trost spenden, so wie er selbst Trost aus Bildern nahm. Zu Anfang seines letztes Lebensjahres, im Januar 1890, schrieb er an seine Schwester aus der Irrenanstalt St.-Rémy: „Was für ein Meister ist Millet!" Der male das Land so, daß man es sogar in der Stadt noch fühlen könne. Er habe etwas so Gutes, „daß es einen tröstet, seine Werke zu betrachten". Auch an seinen Bruder Theo meinte er einmal, wenn die Maler Millet als Menschen besser begriffen hätten, stünden die Dinge anders. Im Dezember 1889 malt er den „Mittagsschlaf" Millets von 1866.

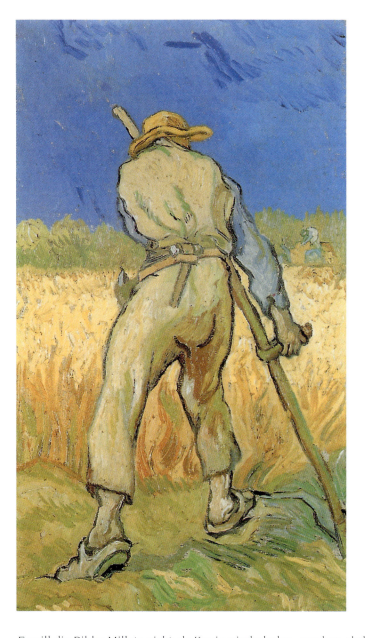

„Ich ringe mit einem Bild … ein Schnitter… Ich sehe in diesem Schnitter ein Bild des Todes in dem Sinne, daß die Menschen das Korn sind, das er niedersichelt. Aber dieser Tod hat nichts Trauriges." (Van Gogh in einem Brief an seinen Bruder Theo)

Er will die Bilder Millets nicht als Kopie wiederholen, sondern als bewundernde Übersetzungen in seine eigene Bildsprache. Auffälliger noch als beim Vorbild ordnet van Gogh das Sichelpaar, das Paar Holzschuhe und das schlafende Schnitterpaar enger zueinander. Wollte er damit die geborgene, bis ins Innerste gehende Zusammengehörigkeit in der Rast auf dem Kornfeld betonen? Dafür spricht vieles. Bereits Ende Juni 1888 schrieb er an den Malerfreund Emile Bernard, er male an Kornfeldern, altgoldgelben Landschaften, „schnell, schnell, schnell und gehetzt", so wie der Schnitter „unter der glühenden Sonne still ist und nur an das Mähen denkt". Nach van Goghs Zusammenbruch Ende 1888 weicht diese Besinnungslosigkeit tiefer Ergebung. Er schreibt – von

Krankheitsschüben und durch Malen unterbrochen – von den Kornfeldern als einem Gleichnis (Juni/Juli 1889 an Theo). Das schmerzhafte Dasein kommt ihm „wie eine hoffnungslose Sintflut vor". Wie sich das alles zueinander verhalte, davon wisse man sehr wenig „und wir tun besser daran, ein Kornfeld anzuschauen, auch wenn es nur ein gemaltes ist." Und im September des selben Jahres: „Ich ringe mit einem Bild ... ein Schnitter." Das Bild sei ganz gelb und sehr pastos aufgetragen, „aber das Motiv ist schön und einfach. Ich sehe in diesem Schnitter – einer unbestimmten Gestalt, die in sengender Hitze wie der Teufel dreinhaut, um mit der Arbeit fertig zu werden –, ich sehe in ihm ein Bild des Todes in dem Sinne, daß die Menschen das Korn sind, das er niedersichelt. Es ist also, wenn man will, das Gegenstück zu dem Sämann, den ich früher versucht habe. Aber dieser Tod hat nichts Trauriges, das geht bei hellem Tageslicht vor sich, mit einer Sonne, die alles mit feinem Goldlicht überflutet." Zur Erntezeit, am 27. Juli 1890, suchte van Gogh in Auvers-sur-Oise diesen Schnitter im Kornfeld. Aus dem Glauben an die Kraft seiner Kunst erwuchs dann eine Bildwahrheit, die sich im Gleichnis vom Senfkorn findet.

Die Autoren

HANSJÖRG KÜSTER
geboren in Frankfurt/Main, Professor für Pflanzenökologie am Institut für Geobotanik der Universität Hannover, zahlreiche Publikationen zur Kulturpflanzengeschichte, u. a. Kleine Kulturgeschichte der Gewürze, Geschichte des Waldes, Geschichte der Landschaft in Mitteleuropa (alle Verlag C. H. Beck).

ULRICH NEFZGER
geboren in München, Professor für Kunstgeschichte an der Universität Salzburg. Zahlreiche Publikationen, vornehmlich zur Kunst des Barock.

HERMAN SEIDL
geboren in Neumarkt/Stmk., Studium der Romanistik und Kommunikationswissenschaften, Workshops für Fotokunst, Mitglied und Kurator der Galerie Fotohof Salzburg.

NICOLETTE WAECHTER
geboren in Salzburg, Studium der Romanistik, Philosophie und Erziehungswissenschaft in Wien und Freiburg i. Br., Ausbildungen in Waldorfpädagogik, Astrologie und Gestalttherapie. Nicolette Waechter ist Galeristin und macht Ausstellungen im Themenkontext Natur und Kunst.

Bildnachweis

Bayerische Staatsbibliothek, München: 148 u.
Biblioteca Medicea Laurenziana, Florenz: 147, 148 o.
Böhm Osvaldo, Venedig: 142
Kellner Verlagsgesellschaft, Wien: 153
Kunsthistorisches Museum, Wien: 151
Musée du Louvre, Paris/Giraudon, Paris/Superstock: 155
Museo Francesco Borgogna, Vercelli: 156
National Gallery, London: 154
Österreichische Galerie Belvedere Wien: 136
Österreichisches Museum für Angewandte Kunst, Wien: 146
Photo Réunion des Musées Nationaux, Paris: 138
Presses Universitaires de France (Louis Reau, Iconographie de l'art chrétien), Paris: 141
Salzburger Barockmuseum: 134, 144 u., 145
Staatsgalerie Stuttgart: 152
Stift Zwettl, Niederösterreich: 135